应急物资管理研究

段智敏　著

中国商业出版社

图书在版编目（CIP）数据

应急物资管理研究 ／ 段智敏著. -- 北京：中国商业出版社，2024. 10. -- ISBN 978-7-5208-3185-7

Ⅰ. F251

中国国家版本馆 CIP 数据核字第 2024EH6163 号

责任编辑：黄世嘉

中国商业出版社出版发行

（www. zgsycb. com　100053　北京广安门内报国寺 1 号）

总编室：010-63180647　编辑室：010-63033100

发行部：010-83120835/8286

新华书店经销

北京宝莲鸿图科技有限公司印刷

＊

787 毫米×1092 毫米　16 开　13 印张　235 千字

2024 年 10 月第 1 版　2024 年 10 月第 1 次印刷

定价：68. 00 元

＊　＊　＊　＊

（如有印装质量问题可更换）

PREFACE 前 言

随着全球化和城市化的推进，自然灾害、公共卫生事件等突发危机事件的频发，越来越多的国家对应急物资管理提出了更高的要求。应急物资管理作为应对突发事件的关键环节，其重要性日益凸显。然而，我国在应急物资管理方面仍存在一些问题和挑战，如应急物资储备不足、管理机制不健全、信息不对称等。因此，开展应急物资管理研究具有重要的理论和现实意义。

本书从理论和实践两个方面对应急物资管理进行了系统研究。首先，在理论基础上，本书构建了应急物资管理理论框架，分析了应急物资准备的原则和分类，并梳理了国内外在应急物资管理调度方面的研究进展。其次，在实践层面，本书详细介绍了我国应急物资储备现状，包括我国主要应急物资储备、应急物资储备的主要方式、我国应急物资储备的主要问题和国外应急物资储备的管理经验。再次，本书进一步探讨了应急物资管理的各个方面，包括应急物资的发放需求预测、应急物资的采购管理、应急物资的库存管理策略。同时，本书还关注了应急物流系统和应急物流信息系统的研究，以及应急物资储备企业的评估与选择。最后，本书基于应急供应链，研究了应急物资配送预案，包括应急物资供应链战略框架模型、救灾物资配送的背景与预案结构、救灾物资配送的应急预案模型。

本书的研究旨在为我国应急物资管理提供理论指导和实践参考，以提高我国应对突发事件的能力。希望本书的研究成果能为我国应急物资管理的发展提供有益的启示和借鉴。

本书的主要贡献如下：

1. 构建了应急物资管理理论框架，为应急物资管理提供了理论指导。

2. 分析了我国应急物资储备的现状，为我国应急物资管理实践提供了参考。

3. 探讨了应急物资管理的各个方面，为应急物资管理实践提供了具体的方法和策略。

4. 基于应急供应链，研究了应急物资配送预案，为我国应急物资配送提供了理论支持和实践指导。

本书的研究尚存在一些不足，如对某些问题的研究还不够深入，对实践应用的探讨还有待加强。在今后的研究中，我们将进一步完善理论框架，深入探讨实践问题，为我国应急物资管理的发展作出更大的贡献。

本书的研究得到了多位领导和专家的关心和支持，在此表示衷心的感谢。同时，感谢所有参与本书研究的老师和同学，没有你们的辛勤付出，本书的研究成果不可能如此丰富。

最后，希望本书的研究成果能为我国应急物资管理的发展提供有益的启示和借鉴，为应对突发事件、保障人民群众生命财产安全作出更大的贡献。

作　者

2024 年 5 月

CONTENTS

目 录

第一章　理论基础与研究现状

在应对自然灾害、公共卫生事件及其他紧急情况时，应急物资管理的重要性不言而喻。有效的应急物资管理不仅能够显著提高灾害响应效率，还能够减少经济损失和人员伤亡。历史上，众多研究已经表明，预先规划和资源配置是提高应急响应能力的关键因素之一。

近年来，随着技术的发展，应急物资管理的理论基础也在不断进步。信息技术的应用，如地理信息系统（GIS）、大数据分析和云计算等，已成为优化资源配置和提高应急响应速度的重要工具。此外，供应链管理理论也为理解和改进应急物资流动提供了重要视角。

第一节　应急物资管理理论框架

在当今社会，由于自然灾害、事故、恐怖袭击和其他突发事件的频繁发生，备好应急物资变得格外关键。这些紧急情形常常导致严重的人员伤亡和财产损失，因此，及时且有效地提供必需的物资对于救援生命、减轻损失及加速恢复进程极为关键。随着全球化和城市化的快速推进，应急物资管理的复杂性也随之上升，这需要我们深入探究应急物资的备用原则与分类。

应急物资管理的有效性是决定应急管理成败的关键因素。充分的物资准备可以显著增强应急响应的效率，减少紧急状态下的混乱与延误。此外，随着技术进步和创新，应急物资的准备和管理方法也在不断改进。研究和理解应急物资准备的基本原则和分类，对于构建一个更科学和系统的应急物资管理体系，提高应对突发事件的能力至关重要。

一、应急物资管理概述

应急物资管理是在紧急情况下，对必需物资进行系统性规划、采购、存储、维护与分发的全过程。这一管理过程包括对潜在风险的评估、物资需求预测、供应链的构建与维护，以及在紧急情况下实现快速响应等多个关键环节。通过有效的应急物资管理，可以在灾难突发时迅速、高效地为受影响地区和人群提供必要的支持。

应急物资管理是一个跨学科的领域，融合了多种理论和实践来构建其框架。

（一）供应链管理

在应急物资管理中，供应链管理占据核心地位，它不仅涉及物资的采购和分发，还包括从原料采购到产品制造、库存管理和物流配送的完整流程。在紧急情况下，确保供应链的高效运作至关重要，能够确保关键物资在必要时刻及时送达。此外，库存控制确保有足够的物资可用于应对突发需求，同时避免过量积压增加成本。物流优化则专注于运输路径的最优化、成本效益分析以及运输方式的选择，以提高整体配送效率和时效性。供应链的弹性也至关重要，需要定期评估和调整，以适应不断变化的外部环境和市场需求。

（二）风险管理

危机管理可以提供一套全面的方法来系统地识别、评估并处理可能影响物资供应的不确定性和潜在威胁。这包括对供应链中的潜在瓶颈进行分析，预测可能的供应中断，并制定相应的风险缓解策略。例如，可以通过多元化供应商、建立备用供应链或储备关键物资来减少对单一供应源的依赖。风险管理还涉及持续的风险监控和评估，确保在环境或市场条件变化时，及时更新和调整应对策略，以维护供应链的稳定性和响应能力。

（三）危机管理

危机管理专注于灾难发生时的即时反应和长期恢复策略。这包括建立高效的危机预警系统和沟通机制，以便在紧急情况下迅速做出响应。危机管理还要求快速动员和合理分配应急物资，最大限度地减轻事件的负面影响。在紧急情况下，重点关注尽快恢复正常运作，如补充耗尽的库存和修复受损的基础设施。长期来看，重建阶段致力于提高系统的整体韧性和复原力，以减轻未来类似事件的冲击。

（四）项目管理

在应急物资管理中，项目管理扮演着关键角色，尤其是在需要在压力大和时间紧迫的环境中实现具体目标的场景下。有效的项目管理通过明确的目标设定、严格的时间管理和成本控制以及高质量的执行标准，确保应急物资的成功管理和分配。此外，项目管理强调团队领导能力和跨部门沟通，确保所有参与者（从高级决策者到现场操作人员）都能够在紧急情况下有效协作和响应。这些管理实践不仅提升了应急响应的效率，也增强了组织在面对未来紧急情况时的准备能力。

通过整合这些多学科的方法，应急物资管理能够在紧急情况下更有效地满足需求，保障受影响群体的安全与供给。

二、应急物资管理的重要性

（一）应急响应效率的提高

应急物资管理在提高应急响应效率中发挥着至关重要的作用。在紧急情况下，响应速度的快慢直接影响到伤亡的减少和资源损失的控制。有效的物资管理确保在灾难发生之后，救援队伍可以迅速获得必要的救援设备、医疗用品以及生活必需品，这不仅加速了救援操作的执行速度，也显著提高了救援效果的质量和效率。

首先，通过精细化的供应链管理，可以实现物资需求的精准预测和及时采购，从而避免了在紧急时刻因物资短缺而导致的救援延误。例如，通过建立与多个供应商的合作关系，可以快速动员资源，以应对大规模的需求激增。

其次，提高物流配送速度是提高响应效率的另一个关键点。优化物流网络设计，选择合适的运输方式和路线，以及使用先进的物流技术，如无人机配送和实时追踪系统，都能显著缩短物资从仓库到现场的运输时间。

最后，实施高效的库存控制策略也至关重要。通过实时库存管理系统，可以确保关键物资如医疗器械和救灾设备始终可用，并在需求增加时迅速补充。这样的系统不仅提高了库存的使用效率，还减少了过度存储或物资浪费的风险。

总之，通过这些策略的综合运用，可以确保应急物资管理系统在紧急情况下能够发挥最大效能，从而提高整个救援行动的响应速度和效率，有效地减轻灾难的影响。这种高效的物资管理不仅能满足救援现场的需求，还能极大地增强公众对应急响应体系的信心和依赖。

（二）灾害和紧急情况下的保障

应急物资管理在灾害和紧急情况下起到关键的保障作用。灾害发生时，由于基础设施的破坏和常规物资供应链的中断，预先准备好的应急物资成为救援和恢复工作的基石。合理的物资储备和高效的管理确保了受灾群众在紧急情况下的基本生活需求得到满足，这包括但不限于食物、饮用水、药品和临时庇护所。

有效的物资管理还涉及对灾区的迅速评估，以确定最紧急的需求并优先分配资源。例如，通过使用先进的数据分析和地理信息系统，救援团队可以迅速识别受影响最严重的区域，并优先向这些地区发送救援物资。

此外，应急物资的管理还包括为恢复基础设施和公共服务而准备的关键物资，如电力系统的修复设备、交通工具和通信设备。这些物资的及时供应不仅对于快速恢复当地的基本服务至关重要，还有助于加快整个社区的恢复进程，从而减少灾害的长期影响。

在灾害和紧急情况下，应急物资管理还必须考虑物资的持续供应问题。因此，建立可靠的备用供应链，确保物资可以在持续的灾害条件下不断供应，是提高应急物资管理效率的一个重要方面。通过与国内外伙伴的协作，可以建立一个多元化的供应网络，确保在一条供应链受阻时，其他渠道能够正常运作。

总之，应急物资管理不仅是灾害应对的前线防线，也是确保受灾社区尽快恢复正常生活的重要支撑。通过精心的策划和执行，可以最大限度地减轻灾害带来的影响，保护和恢复受灾群众的生活和安全。

（三）社会稳定和公共安全

应急物资管理对于维护社会稳定和公共安全至关重要。在突发事件中，如果应急物资供应不足或分配不公，可能会引发公众恐慌和社会不安。通过有效的物资管理，可以确保所有受影响的群体都能获得必要的支持，从而减少社会紧张和冲突。例如，在自然灾害如地震或洪水发生后，迅速、公平地分配食品、水源和临时住所等基本物资，是避免灾难后社会动荡的关键。

此外，应急物资管理还包括对关键基础设施和重要资源的保护，这些措施有助于防止次生灾害的发生，保障公共安全。例如，保障电力和通信设施的运行，可以在灾难发生后加速恢复正常社会秩序，支持紧急救援工作的进行。这不仅涉及物理资源的保护，还包括信息资源的安全管理，以防止在紧急情况下出现信息泄露或被恶意利用。

通过提高公众对应急物资管理的认识和信任，可以增强社会的整体韧性，促进社会的长期稳定与和谐。政府和相关部门应通过公开透明的沟通，确保公众了解应急物资的获取方式、分配计划和使用指南。此外，定期进行应急演练和教育，可以提高公众在真正的危急情况下正确响应的能力，从而进一步稳固社会秩序和保护公众安全。

总之，应急物资管理是应急管理体系中不可或缺的一部分。它不仅关系应急响应的速度和效率，还直接影响灾害和紧急情况下的民生保障以及社会的整体稳定和安全。因此，加强应急物资管理，建立科学、系统的物资储备和管理体系，对于提高应对突发事件的能力、保护人民生命财产安全具有重要意义。

三、应急物资管理的关键要素

（一）物资需求分析

物资需求分析是应急物资管理的首要步骤。它要求管理者对可能发生的紧急情况进行风险评估，预测不同情况下的物资需求量。这一过程涉及对各种潜在灾害的综合考量，如自然灾害（洪水、地震、风暴）或人为事件（火灾、恐怖袭击），每种灾害类型都有其特定的物资需求和响应策略。

需求分析应考虑多种因素，包括灾害类型、受影响的人口规模、地理环境、基础设施状况以及现有资源和能力。例如，在地震频发区域，需特别考虑地震后急需的救援物资，如帐篷、急救药品和便携式食物；而在洪水易发区，则应重视救生衣、水泵和防水物资的储备。

通过精确的需求分析，可以确定所需物资的种类、数量以及分配的优先级。这一步骤不仅涉及对紧急状态下需求量的预测，也需评估物资的存储周期、耐用性及其对环境的适应性。例如，不同的存储条件如温度和湿度对物资的保存状态可能产生重大影响，需在物资采购和储备时予以考虑。

综合这些分析结果，管理者可以制订更加科学和实际的物资采购、存储和分配计划。通过建立有效的供应链，确保在灾害发生时，关键物资能够被迅速而准确地送达至需求最为迫切的区域。这种精细化的需求分析还能帮助决策者优化资源配置，减少浪费，并增强应对突发公共事件的整体能力。

（二）物资采购与供应

物资采购与供应是确保应急物资可用性的一个关键环节，对于增强应急响应能力至关重要。管理者必须与可靠的供应商建立稳定的合作关系，以确保在灾害或紧急情况下能迅速获得必需的物资。有效的采购策略应包括对供应商的详细评估，以选择那些信誉好、交货可靠的合作伙伴。

此外，成本效益分析是制定采购策略的重要组成部分，它帮助确定获取物资的最优经济途径，同时确保资金得到合理使用。合同谈判也是采购过程中的一个核心环节，需要明确物资的价格、交货时间、质量保证以及在供应发生问题时的应对措施，这些都是确保应急物资及时供应的重要保障。

建立备选供应链也极为重要，特别是在面对可能的供应中断或需求激增的情况下。备选供应链可以从多个来源确保物资供应，增加系统的弹性和应对突发事件的能力。

在采购过程中，还需特别注意物资的质量和标准。所有采购的物资都必须符合国家和国际的安全标准，确保它们在救援和使用中的效能和安全性。为此，采购部门应与质量控制部门紧密合作，进行物资测试和验证，确保每一项物资都能在应急时发挥其应有的作用。

总之，通过精心设计的采购与供应策略，不仅可以保证应急物资的及时可用，还可以通过成本控制和质量保证，提高应急响应的整体效率。这些措施共同构成了应急管理中不可或缺的一环，是提升应急准备和响应能力的基石。

（三）物资存储与维护

物资存储与维护是应急物资管理中的一个关键环节，涉及物资的储存、保养、更新及合理的存储策略制定。为确保物资在紧急情况下的可用性，存储策略需确保所有物资在需要时均处于最佳状态。在选择存储地点时，应充分考虑到安全性、可达性及环境因素，确保存储环境既能方便快速地取用物资，又能有效防止物资由于环境因素造成的损坏或效能下降。

此外，为避免物资在长期存储中出现老化、技术过时等问题，定期对物资进行检查和维护也是必不可少的措施。这包括但不限于检查物资的物理状况、功能性测试以及必要时进行的修复或更换。例如，一些敏感设备和药品需要在特定的温度和湿度条件下存放，并定期检查其有效性和完整性。

维护工作应根据物资的具体类别制订详细计划，如电子设备、医疗用品及消防工具等需要采取不同的保养措施。电子设备可能需要定期开机检测电路与软件的运行状态；医疗用品如急救药品和器械则需检查是否过期或是否符合最新的医疗标准；消防工具则需保持常规的功能测试和部件润滑。通过实施这些维护措施，可以显著提高应急物资的响应效率和使用寿命，确保在危急时刻能够发挥关键作用。

（四）物资分配与调度

物资分配与调度是应急物资管理中极其复杂且关键的环节，它直接关系救援效率和救援效果。管理者需要在紧急情况下迅速准确地分析需求，制定合理且高效的物资分配计划和调度方案。为了确保资源能够及时到达并满足最迫切的需求，物资分配策略应优先考虑那些处于危急状态和最需要帮助的群体，如灾区的伤员、被困人员以及急需医疗援助的区域。

在公平性和效率性的考量下，物资的分配应遵循明确的优先级原则，并通过科学的逻辑和数据支持来进行决策。这不仅涉及对物资种类和数量的精确控制，还包括对分配时间和物流路径的严格规划。

调度方案的制定则需确保物资能够快速且安全地运输到指定地点。这要求对运输工具、路线和时间进行周密安排，并考虑到可能的风险和不确定因素，如恶劣天气条件、交通堵塞和安全威胁等。此外，物资在运输过程中的有效监控也非常重要，这需要使用先进的跟踪和管理系统来实时监控物资的状态和位置，确保在任何情况下都能迅速响应并调整运输计划。

通过实施详尽的物资分配和调度计划，不仅可以大幅提高应急响应的时效性和准确性，还可以在灾难发生时最大限度地减少损失和伤害，显著增强救援行动的整体效果。这需要所有参与者的紧密协作和高度协调以及持续的培训和准备，以保证在危机发生时能够做出最合理的调度决策。

（五）物资监控与评估

物资监控与评估是确保应急物资管理持续有效性和提高管理质量的关键活动。通过对整个物资管理过程的细致监控，管理团队可以及时识别和解决各种问题，从而避免潜在的资源浪费或延迟响应。

在监控过程中，要特别关注物资的流动和状态，包括采购、存储、维护和最终分配。利用现代信息技术，如物联网（IoT）设备和实时数据追踪系统，可以实时监控物资的位置和状况，确保物资的安全性和完整性。此外，这些技术也有助于监测库存水平，自动触发补货请求，以维持必要的库存量，保证在紧急情况下物资的充足供应。

评估工作则深入分析物资管理的效果，这包括评价需求分析的准确性、采购和供应的及时性、存储和维护的效率以及物资分配和调度的适当性。评估不仅仅是对过去行动的回顾，更是对未来改进方向的指导。例如，通过评估可以发现需要改进的供应链环节，或是需要更新的物资需求预测模型。

定期进行这些监控和评估活动，可以显著提高应急物资管理的透明度和可靠性。它使得管理者能够基于具体数据和趋势作出信息化决策，从而不断优化管理流程，提高应急响应的速度和效率。此外，这种持续的改进过程还帮助固化了一个灵活反应的管理体系，能够适应复杂多变的紧急情况，从而保证在面对未来挑战时，能够有效地保护和服务于受影响的群众。

总之，应急物资管理是一个系统性工程，涉及多个关键要素。通过科学的需求分析、高效的采购与供应、合理的存储与维护、公平的分配与调度以及严格的监控与评估，可以建立一个高效、可靠的应急物资管理体系，为应对各种紧急情况提供坚实的物资保障。

四、应急物资管理流程

(一) 需求预测与计划

应急物资管理流程的首要步骤是需求预测与计划。在这一阶段，管理者需要综合利用历史数据、风险评估报告和专家意见来预测可能出现的紧急情况及其对物资的需求。这种预测不仅要涉及不同类型和规模的灾害情况，还需考虑到季节性变化和长期趋势对物资需求的影响。

需求预测应该使用高级数据分析技术，如时间序列分析和机器学习模型，这些技术可以处理大量数据并识别潜在的需求模式。此外，应当定期回顾并更新预测模型，以包括最新的市场动态和科技进步，确保预测的准确性和相关性。

基于这些预测结果，接下来的步骤是制订详细的物资储备计划。这包括确定需要储备的物资种类（如食品、水、医疗用品、能源设备等）、所需数量及储备周期。物资储备计划还应考虑到物资的保质期以及可能需要的快速更新或替换。

物资储备计划的制订还应考虑到储存地点的选择，这应基于物资需求的地理分布和物流效率，以便在灾害发生时能够快速且有效地分配和运输物资。此外，这一计划还应包括预算分配，确保所有预防措施的财务可持续性。

通过精确的需求预测和周密的物资计划，应急管理部门可以大幅提高在实际灾害发生时的响应速度和效率，确保能够在危急时刻为受影响的社区提供充分的支持。这种前瞻性的策略不仅增强了应急响应的能力，还能有效地控制成本，最大化资源的利用效率。

(二) 物资采购策略

制定科学的物资采购策略是确保应急物资供应的关键。物资采购策略的主要目标是确保在紧急情况下，所需物资能够迅速、有效地到达，同时确保成本效益最大化。为此，管理者需要仔细考虑多个关键因素，包括成本效益、供应商的可靠性、物资质量和交付时间。

首先，成本效益的考量不仅仅是寻找最低价格的供应商，更重要的是评估物资的性价比，包括其使用寿命、维护成本以及可能的再利用性。此外，选择供应商时，其可靠性至关重要。供应商的历史表现、财务稳定性和应对紧急情况的能力都是重要的考量标准。物资的质量也必须符合国家相关标准，以确保在灾难发生时能够承受极端条件。

其次，建立多元化的供应商网络可以显著降低依赖单一供应链的风险。这种策略包括与不同地理位置的多家供应商建立联系，以应对区域性灾害可能导致的物流中断。例如，在不同国家或地区设立备选供应商，可以在本地供应链受到影响时迅速切换资源。

再次，在采购过程中，还应遵循公开、公平、透明的采购原则。这包括定期发布采购需求，接受多方投标，以及确保评审过程的公正性。通过这样的措施，不仅可以提高采购活动的合规性，还能促进市场竞争，从而推动供应商提供更优质的物资与服务。

最后，通过科学的物资采购策略，可以建立一个灵活、迅速且成本效益高的供应系统，为有效的应急物资管理提供坚实的基础。这不仅保障了物资的及时供应，也强化了整个应急管理系统的稳定性和可靠性。

（三）库存管理与控制

在应急物资管理中，有效的库存管理与控制是保障物资及时供应的关键。为了实现这一目标，管理者必须精准评估并确定合理的库存水平。这包括考虑物资的保质期、消耗速度及其在应急响应中的重要性，以确保关键物资始终可用，同时避免过度存储导致资源浪费。

采用先进的库存管理系统对于实现这些目标至关重要。这样的系统能够提供实时的库存状态更新，使管理者能够快速响应物资消耗情况，及时进行补充。现代库存管理系统通常集成了自动追踪和报警功能，可以自动监测库存水平并在达到预设阈值时提示重新订购，从而最大限度地减少物资短缺的风险。

此外，定期进行库存盘点和审计也是维护库存管理系统效率和确保库存数据准确的必要措施。通过系统性的物理盘点与系统记录的核对，可以发现并纠正可能的错误和偏差，确保库存记录的准确性。这有助于优化库存管理水平，同时也是财务透明和遵守监管要求的重要部分。

整体而言，高效的库存管理与控制应包括技术支持、规范操作和定期评估三个方面，这将直接影响应急物资的可用性和应急响应的成功率。通过不断优化库存管理策略，可以保证在面对突发事件时，能够快速且准确地调配必需的物资，从而有效支持救援行动。

（四）物资配送与物流

物资配送与物流在应急管理中扮演着至关重要的角色，它们确保了从物资储备点到使用点的有效连接。为此，管理者必须制订出一个高效的物流方案，以保证物资能够快速且安全地被运送到需要的地方。这一过程涉及对运输工具的精心选择、运输路线的详细规划以及运输过程中的风险管理。

首先，选择合适的运输工具是确保物资及时送达的基础。根据物资的种类和紧急程度，可选用不同的运输方式，如公路、铁路、航空或水路。每种运输方式都有其特点和适用条件，例如航空运输速度快但成本较高，适用于远距离和高急迫性物资的运送。

其次，运输路线的规划必须考虑到速度和安全性。应选择最直接、最少阻碍的路径，并需考虑到可能的交通拥堵、道路状况和天气因素。此外，高效的物流还需要一个灵活的调度系统，能够根据实时情况调整路线或运输方式。

再次，风险管理是物流过程中不可或缺的一部分。这包括对潜在的自然灾害、政治动荡、盗窃或丢失等风险的评估和预防。适当的保险措施和紧急响应策略应该被纳入物流计划，以保护物资和人员的安全。

最后，建立应急物流预案是应对运输过程中可能出现的突发事件的关键。预案应包括备用运输方式、替代路线和紧急联络体系。这样的预案可以确保在遇到不可预见的挑战时，物资配送任务仍能高效、有序地进行。

总之，物资配送与物流的管理是一个系统的工程，需要综合考虑多种因素并进行周密规划。通过实施有效的物流方案和建立健全的应急预案，可以大大提升应急响应的效率和成功率。

（五）应急响应与物资分发

在紧急情况下，快速而有效的应急响应与物资分发是至关重要的。为确保这一过程的顺利进行，管理者需要根据事先制订的应急预案，迅速动员资源并调配物资，确保关键供应能及时送达受影响地区。

物资分发的过程中，应该坚持公平和透明的原则。这意味着分发计划应公开透明，易于理解，并且所有相关方都能清楚地看到物资分配的标准和流程。物资优先分配给最紧急需要的人群，如医疗机构、救援队伍以及受灾最严重的区域。

为确保物资分发的效率和公正性，建立一个有效的监督和反馈机制是必不可少的。这包括设置专门的监督团队，负责跟踪物资的分发过程，确保每一步都按照计划进行，并且物资真正地到达了需要它们的人手中。同时，反馈机制能够收集接收方的反馈信息，评估物资的适用性和足够性，以及是否需要进行调整以更好地满足实际需求。

此外，利用高效的物流和信息技术，如 GPS 追踪和实时数据分析，可以提高物资分发的准确性和时效性。这些技术不仅帮助管理者实时了解物资的位置和状态，还可以在必要时迅速调整运输路线或分发策略。

总之，迅速的应急响应和有效的物资分发系统需要综合考虑策略规划、技术支持和人员协调等多方面因素，以确保在危急时刻能够最大限度地减轻灾害的影响，并快速恢复社区的正常运作。这不仅是物流和管理的挑战，也是对应急准备和响应能力的综合测试。

（六）物资回收与再利用

在应急响应结束后，物资的回收与再利用是重要的后续工作。此过程不仅有助于提高物资使用效率，还能显著降低应急物资管理的成本，同时减少环境影响。有效的物资回收与再利用策略包括几个关键步骤：物资的收集、分类、处理和重新部署。

首先，管理者需要组织有序的物资回收工作。这包括从救援现场收集所有剩余、废弃或使用过的物资，如救灾帐篷、毛毯、食品包装和医疗用品等。物资回收时需要详细记录物资的种类、数量和状态，以便于后续处理。

其次，对这些物资进行仔细分类。可重复使用的物资应当分离出来，并根据其状况进行清洗、消毒和必要的维修。例如，不受污染的帐篷和毛毯可以清洗干净并消毒后储存，用于未来的应急事件。对于电子设备如通信工具，应进行功能检测和必要的维护，以确保再次使用时的可靠性。

再次，对于已损坏或过期的物资，则需要进行妥善处理。损坏的物资如不能再安全使用的工具或设备，应按照环保标准进行拆解，以回收其材料和零件，避免对环境造成污染。过期的医药品和食品等敏感物资，应按照相关法规进行销毁，以确保不会误用或造成危害。

最后，通过制定详细的物资回收与再利用指南，可以指导相关人员如何正确处理各类物资。这些指南应涵盖各种物资的具体处理流程，并明确责任人、操作标准和时间节点。

通过物资的回收与再利用，不仅可以减少对新资源的需求，降低物资采购成本，还可以通过延长物资使用寿命，提高资源利用率。这种做法符合可持续发展的原则，有助于构建环境友好型的应急管理体系。

总之，应急物资管理流程是一个从需求预测到物资回收的闭环过程。通过科学的需求预测、合理的采购策略、有效的库存管理、高效的物流配送、迅速的应急响应和可持续的物资回收，可以建立一个高效、可持续的应急物资管理体系，为应对各种紧急情况提供坚实的物资保障。

五、风险评估与决策支持

（一）风险识别与分类

风险管理的第一步是风险识别，即识别可能影响应急物资管理的各种风险因素。这一步骤至关重要，因为正确识别风险是制定有效应对策略的前提。在应急物资管理中，可能遇到的风险包括自然灾害如洪水、地震和台风；人为事故如火灾、技术失误或恐怖袭击；供应链中断，可能是由政治不稳定、经济危机或交通阻断事件引起的；物资过期或损坏，这可能是由存储不当或供应过程中的失误造成的。

对识别出的风险需要进行详细的分类，这有助于更好地理解和管理这些风险。分类工作可以根据多个标准来进行，区分风险的性质，如将风险分为自然灾害、技术故障、人为错误等类别，有助于识别特定类型风险的共同原因和可能的预防措施。

风险的发生可能性是一个重要的分类标准。风险可以分为高频率风险和低频率风险，高频率风险需要更频繁的监控和即时的应对措施，而低频率但高影响的风险则需要详细的预案以减轻其可能造成的严重后果。

风险的潜在影响程度也是一个关键的分类标准。影响可以是轻微的、中等的或重大的，根据影响程度的不同，管理策略也会有所不同。例如，对于可能对人员安全构成重大威胁的风险，必须制定紧急疏散和医疗救援等优先级更高的应对措施。

通过这样的分类，管理者可以更系统地分析每类风险，制定相应的预防和应对策略。这不仅提高了应急物资管理的效率，也增强了整体应急响应的效果，确保在面对突发事件时，能够最大限度地保护人员安全和减少经济损失。

（二）风险评估方法

风险评估是在风险识别和分类之后的关键步骤，其目的是量化风险的概率（发生的可能性）和影响（潜在的损失）。这一过程是制定有效的风险管理策略的基础，帮助管理者优先处理最重要的风险。

概率评估着重于分析特定风险发生的可能性，通常通过历史数据、行业标准和专家意见来评估。例如，如果过去的记录显示某个特定的技术故障频繁发生，那么这个故障的发生概率就被视为高。

影响评估则关注于风险发生时可能带来的具体损失，包括财务损失、业务中断、声誉损害等。影响的评估通常涉及对各种不同后果的深入分析，以确定它们对组织的总体影响。

为了全面评估这些风险，管理者通常会采用以下几种方法。

（1）定性分析。这种方法通过描述来评估风险的重要性，常用的工具包括专家小组讨论、头脑风暴等。定性分析帮助团队理解风险的本质，但不提供具体的数值。

（2）定量分析。与定性分析相比，定量分析提供具体的数值来衡量风险概率和影响，如使用统计数据和概率模型来估算潜在损失。

（3）风险矩阵。结合概率和影响的评估，风险矩阵提供了一个视觉工具，通过将风险按照其概率和影响分布到不同的类别中，帮助管理者快速识别需要关注的关键风险。

（4）失效模式与影响分析（FMEA）。这是一种结构化的方法，用于识别产品或过程中潜在的失效模式及其原因和后果。FMEA通过评估失效的严重性、发生概率和检测难度来确定风险的优先级。

通过这些方法，管理者可以对风险进行有效排序，明确哪些风险具有较高的优先级需要进行管理。这些评估结果将直接影响风险应对策略的制定，包括风险避免、减缓、转移或接受。

（三）决策支持系统的设计

在管理复杂的风险和不确定性环境中，决策支持系统（DSS）的设计发挥着关键作用。这类系统通过整合高级数据处理技术和专业知识，为管理者提供科学的决策支持，特别是在紧急情况和高风险环境下。DSS的核心功能是集成风险评估的结果，提供综合的数据分析、可视化、模型模拟及情境分析，从而帮助管理者深入理解各种决策选项及其可能的后果。

首先，DSS能够通过高级数据可视化技术将复杂的数据转换为直观的图表和图形，使管理者能够迅速把握关键信息和趋势。这种可视化不仅包括静态的数据展示，也可以是动态的、交互式的，允许用户根据需要调整视图和分析参数。

其次，DSS中的模型模拟功能可以仿真不同的管理策略和操作条件下的可能结果。这种模拟基于历史数据、当前状况及预测模型，为管理者提供一个"试验场"，在不承担实际风险的情况下测试各种策略的效果。

再次，情境分析工具使管理者能够评估在各种潜在未来情境下决策的效果。通过设定不同的变量和条件，DSS可以展示不同情境下的业务影响预测，帮助决策者预见和准备应对可能的挑战。

最后，DSS的另一个重要功能是集成实时数据收集和预测模型，提供连续的风险监控和预警。这些系统能够接入来自各种源的实时数据流，如市场动态、气象信息或社会媒体，利用先进的分析和机器学习技术，对风险进行实时评估，并在必要时触发预警机制，使得管理者可以迅速做出响应。

通过以上各项功能，DSS成为管理者在面对高风险和复杂决策环境时不可或缺的工具。它不仅增强了决策的科学性和有效性，也显著提高了组织应对突发事件的能力，确保决策过程的透明性和合理性。

（四）应急物资管理中的决策制定

在应急物资管理中，决策制定是一个动态且复杂的过程。管理者需要基于风险评估的结果和决策支持系统提供的信息，制定相应的策略和计划。这些决策可能包括物资储备的调整、供应链的优化、应急预案的更新等。制定决策时，管理者必须考虑到决策的可行性、成本效益，以及可能对其他利益相关者的影响。

为了提高决策的质量，管理者可以采用多标准决策分析（MCDA）等方法。这种方法能够在决策过程中综合考虑多个决策标准，如风险降低效果、成本、时间、公平性等。通过这种方法，可以平衡不同的决策因素，确保在紧急情况下作出的决策是全面和优化的，从而有效应对复杂和变化多端的情况。

此外，建立一个跨部门、多学科的决策团队也至关重要。这个团队应该包括来自政府、私营部门、非政府组织以及技术和科研机构的专家。集合不同领域的专业知识不仅可以提高决策的全面性，还能增强决策的执行力。例如，技术专家可以提供关于最新技术和工具的见解，而社会学家和心理学家则可以提供关于人类行为和社会反应的重要视角，这些都是制定有效应急响应策略不可或缺的部分。

通过这些综合的方法，应急物资管理中的决策制定能够更加精确地应对未来的挑战，确保在发生紧急事件时，能够迅速而有效地响应，最大限度地减少损失并优化资源的使用。这种决策制定过程还应该包括定期的评估和调整，以适应环境和条件的变化，确保应急物资管理系统始终保持在最佳状态。

通过系统的风险评估和科学决策支持，应急物资管理可以更加精准地应对各种不确定性和挑战，提高应急响应的效率，保障社会和公众的安全。

第二节　应急物资准备的原则和分类

应急物资的准备工作尤为重要，它能够确保在紧急情况下，迅速、有效地提供必要的物资支持，以挽救生命、减少损失，并加快恢复进程。本书旨在深入探讨应急物资准备的原则和分类以及如何通过科学的方法和有效的管理来提高应急物资准备的效率。研究的目的是为政府机构、非政府组织、企业和社区提供指导，帮助它们建立更加科学、系统的应急物资准备和管理体系。

一、应急物资准备的基本原则

（一）及时性

应急物资管理系统的核心之一是及时性，它要求系统能迅速反应，确保物资在紧急情况发生后能迅速到达需要地点。这一目标的实现依赖高效的物流系统、良好的基础设施，以及与供应商的密切合作。为提高物资的及时分配能力，应急物资通常需要在战略位置提前存放，比如靠近灾害多发区的仓库。此外，采用快速动员策略，如备有专门的应急响应队伍和运输手段，可以在灾难发生后立即将物资送达，大幅缩短物资调配的时间。

（二）充足性

充足性是应急物资管理的另一个重要原则，它强调在任何紧急情况下都必须有足够的物资以满足需求。为此，管理者需要依据详尽而精确的需求预测计划物资的储备量。这包括对各种可能灾害情况下所需物资类型和数量的预测。此外，还需要定期对储备水平进行审查和调整，以适应人口增减、风险评估更新以及物资有效期限等因素的变动，确保在任何时候都不会出现物资短缺的情况。

（三）多样性

多样性原则确保应急物资能够覆盖各类紧急情况和满足不同受影响群体的需求。这要求应急物资库存中包含各种物资，如足够的食品、清洁饮用水、必要的药品、医疗设备、庇护所材料以及个人防护装备等。通过维持这种多样化的储备，应急管理系统能够为不同的灾害类型和不同的需求群体提供适当的支持。例如，在发生洪水或飓风等自然灾害后，可以快速提供干净的饮用水和食品，而在工业事故或放射性泄漏情况下，则需迅速提供专门的医疗设备和防护装备。

（四）可持续性

应急物资的可持续管理和维护至关重要，它确保物资在存储期间保持最佳状态，随时可用于应急响应。这不仅包括对物资进行定期的质量检查，确保符合所有安全和效能标准，还包括维护适宜的存储条件如温度、湿度控制以及防止物资受到环境因素如水、灰尘或污染的影响。同时，管理系统需及时替换过期或损坏的物资，确保库存中的物资始终处于可用状态。

此外，可持续性还涉及环保因素的考虑，这包括选择可回收的物资和使用环境友好型包装。通过这些措施，不仅能减少应急响应对环境的负担，还能促进资源的循环利用，提高整体社会的环境责任感。

（五）可访问性

可访问性原则确保所有需要物资的个人和组织都能方便地获取所需物资。为实现这一点，物资的存储地点需要合理布局，尽可能靠近可能的需求点或易于从多个方向进行运输的位置。在紧急情况下，这一策略可以极大地缩短物资的分发时间，提高响应效率。

同时，物资分发机制必须公平且透明，确保所有受影响群体无差别地获得所需支持。这需要一个清晰、公开的分发流程和标准，确保在危急时刻，每个人都知道如何和从哪里获取帮助。

（六）灵活性

应急物资管理系统的灵活性是其有效性的关键。这要求管理者能够持续监控和评估相关风险，以及根据不断变化的需求和环境条件及时调整物资储备和分配策略。灵活性还包括能够迅速适应市场变化，如物资短缺、价格波动或供应链中断等情况。

例如，当某个关键物资的主要供应商出现供应问题时，管理系统应能迅速找到替代供应商或替代物资，以避免对整体应急响应能力造成影响。此外，灵活的物资管理还应包括多元化的采购策略和备用方案，以应对不可预见的挑战和复杂情形。

通过这些原则的实施，应急物资管理系统可以更加高效、可靠且具备强大的适应性，从而确保在任何紧急情况下，都能够为受影响的群体提供及时、充足且多样化的支持。

总之，遵循这些原则可以构建一个高效、可靠且具备强大适应性的应急物资管理系统。这样的系统既能确保在紧急情况下，向受影响群体提供及时、充足、多样化且可持续的支持，也能保障物资的易获取性和系统的灵活响应。

二、应急物资的分类

应急物资的分类是物资管理的基础，它有助于明确物资的优先级、存储条件、分配策略和使用时机。以下是对应急物资进行分类的几种常见方式。

（一）按照用途分类

根据物资在应急响应中的具体应用，可以将其分为以下三类。

（1）救援物资：包括用于搜救行动的专业设备和工具，如救生衣、担架、切割工具、搜救犬等。

（2）医疗物资：包括药品、医疗耗材、医疗器械和急救包等，用于提供紧急医疗服务和救治伤员。

（3）生活物资：包括食品、饮用水、衣物、帐篷、毛毯等，保障受灾群众的基本生活需求。

（二）按照重要性分类

根据物资在应急响应中的关键性，可以将其分为以下两类。

（1）关键物资：指在应急响应中至关重要的物资，如救生设备、生命维持系统、紧急通信设备等。

（2）非关键物资：指相对不那么紧迫需要的物资，如在灾难初期不那么急需的生活用品或设备。

（三）按照存储方式分类

根据物资的存储时间和条件，可以将其分为以下两类。

（1）长期存储物资：指可以长时间存储且不易变质的物资，通常作为常规储备，如某些救援设备和工具。

（2）短期存储物资：指需要在较短时间内使用或更新的物资，如一些有保质期的食品和药品。

（四）紧急程度分类

根据物资需求的紧迫性，可以将其分为以下两类。

（1）立即需要物资：指在灾难发生后立即需要使用的物资，如急救药品和医疗设备。

（2）备用物资：指在常规储备用尽或未能满足需求时启用的额外储备，如额外的食品和水供应。

通过这样的分类系统，管理者可以更有效地进行物资的规划、采购、存储和分发。例如，关键物资和立即需要物资可能需要更优先的分配和更快的响应机制，而长期存储物资则需要更严格的存储条件和周期性的维护检查。此外，分类还有助于在制订应急预案和进行风险管理时，对不同物资的管理和调配做出更加精确的决策。

三、应急物资的识别与评估

（一）风险评估

风险评估是应急物资管理的关键起点，它的主要目的在于识别和分析可能对社区或区域带来影响的紧急情况，确保在实际需要时，必要的支援能迅速到位。这些紧急情况包括自然灾害如地震、洪水和飓风，公共卫生事件如疫情暴发、恐怖袭击和工业事故等。通过细致的风险评估，管理者能够预判并准备好应对各种情况所需的具体物资类型和数量。风险评估的步骤包括识别潜在的紧急情况和灾害类型、分析这些情况发生的可能性、估计每种情况可能影响的人口和区域范围，以及基于这些分析确定必需的物资类型和数量。这一过程不仅有助于提高应急响应的效率，也确保了资源的合理配置和最优利用，从而在危急时刻能有效地保障受影响社区的安全与需求。

（二）需求分析

需求分析是深入挖掘风险评估的基础，通过结合历史数据、专家意见、实地调查以及模拟演练的成果，来精确评估各种紧急情况下的实际物资需求。这一分析过程涉及多个关键因素，包括受影响区域的人口规模和结构、紧急事件的性质及其严重程度、现有的资源与响应能力，以及物资的可获取性和供应链的状态。通过这样的综合评估，需求分析不仅帮助管理者明确物资的具体需求量，还指导他们制订更为精确和实用的物资储备计划，优化物资的存储位置和数量，从而确保在真正的危机中，能够有效且及时地支援受影响的社区。这一过程显著提高了应急准备的实效性和资源的合理利用，为面对潜在灾难提供了坚实的后勤保障。

（三）优先级设定

基于风险评估和需求分析的结果，应急物资管理者制定物资优先级的步骤至关重要，它直接影响到紧急情况下物资的分配效率和效果。在设定优先级时，管理者通常会考虑如下几个关键因素：首先，物资是否能直接挽救生命和显著减少伤亡；其次，物资对恢复关键基础设施和公共服务的重要性；再次，考虑物资的稀缺性和是否有可用的替代品；最后，物资的保质期和所需的存储条件也是决定其优先级的重要因素。特别是对于救生设备、急救药品和生命维持系统等关键物资，通常会被赋予最高的优先级，确保这些物资能在灾害发生时迅速被送达至需求最迫切的地区。这种优先级的设定确保了资源的合理配置，使得在面对紧急情况时，可以最大限度地保护人民生命安全和维护社会稳定。

通过这一系列评估过程，应急物资管理者能够更准确地识别和规划所需的物资，从而提高应急响应的效率。这不仅有助于减少紧急情况造成的损失，还能够提升公众对应急管理机构的信任和满意度。

四、应急物资的采购与管理

（一）采购策略

采购策略在应急物资管理中扮演着至关重要的角色，涉及细致的成本效益分析和审慎的供应链选择，确保在紧急情况下物资供应的及时性和可靠性。成本效益分析的目的是在保证物资质量和供应可靠性的前提下，尽可能以最低的成本完成采购。供应链选择则更注重供应商的地理位置、生产能力、信誉以及他们的履约历史，这些因素直接影响物资供应的速度和稳定性。有效的采购策略通常包括如下几个关键措施：首先，通过比较不同供应商的报价来选择性价比最高的选项；其次，与供应商建立稳固的长期合作关系，确保在紧急情况下能够获得优先供应；最后，实行多元化的采购策略，减少对单一供应商的依赖，从而降低潜在的供应风险。这种综合性的采购策略不仅优化了成本，还提高了应急物资管理的整体效率和响应能力。

（二）合同管理

合同管理是确保供应商可靠性和响应速度的重要手段。通过合同管理，可以明确供应商的责任和义务，包括物资的质量标准、交付时间、违约责任等。合同管理应包括以下三个方面。

（1）签订详细的采购合同，明确双方的权利和义务。

（2）对供应商的履约情况进行跟踪和评估，确保合同的执行。

（3）建立合同变更和终止机制，以应对市场变化或供应商违约。

（三）库存控制

库存控制是应急物资管理中至关重要的一环，关键在于合理地设定库存水平，以确保既不会因物资过剩而造成资金和资源的浪费，也不会因物资短缺而影响紧急响应的效率。有效的库存控制策略包括基于精确的需求预测和物资的周转率来确定适当的库存水平，这可以最大限度地减少存货成本，同时保障有足够的物资应对可能的紧急情况。此外，运用先进的库存管理系统能实时监控库存状况，自动触发补货，确保物资的连续供应。定期的库存盘点也是必不可少的，它可以确保库存数据的准确性，及时纠正任何偏差。特别是对于那些严格保质期限或需要特定存储条件的物资，如医疗用品和敏感设备，库存控制还应包括特殊的管理措施，如定期轮换库存和保持适宜的存储环境，确保物资的有效性和安全性。通过这些综合措施，库存控制不仅优化了物资的利用率和成本效益，还增强了应急响应能力。

通过精心设计的采购策略、严格的合同管理和有效的库存控制，可以确保应急物资的质量和供应的可靠性，为应对紧急情况提供坚实的物资保障。

五、应急物资的存储与维护

(一) 存储设施的选择

选择适当的存储设施是确保应急物资安全和在需要时能迅速使用的关键。在挑选存储设施时,主要考虑以下几个核心因素:首先,安全性,选定的设施必须具备防灾能力,能够抵御自然灾害(如洪水、地震)或人为因素(如火灾、盗窃),确保物资不会因意外情况而损坏或丢失。其次,是可达性,存储设施的位置需要选择在交通便利的地点,以便在紧急情况下物资能够被迅速调配和分发,同时要确保救援人员可以轻松到达。最后,环境控制,这是选择存储设施时必须考虑的要素,不同类型的应急物资可能有特定的存储需求,如医疗用品可能需要冷链系统,食品需要防潮和防虫的环境,而易燃或有害化学品则需要储存在符合安全标准的专用仓库内。综合这些因素,选择合适的存储设施不仅关乎物资的保护,也影响到紧急响应的效率和效果。

(二) 物资的定期检查与维护

为了确保应急物资在紧急情况下可靠且即时可用,进行定期的检查和维护工作是至关重要的。首先,定期检查应涵盖存储物资的数量和质量,确保没有过期、损坏或遗失的物资存在。例如,检查医疗用品的有效期,测试设备的功能性等。其次,特别是对于机械设备和其他需要维护的物资,必须实施定期保养和必要的维修,确保这些设备在需要时能够正常运行。最后,所有的检查和维护活动都必须进行详尽的记录。这些记录不仅帮助管理人员有效跟踪每项物资的状态和维护历史,也是评估整体物资管理效率的重要依据。通过这种系统的检查和维护流程,可以极大地提高应急物资的响应效率和可靠性,确保在面对紧急情况时,能够迅速且有效地提供所需支持。

(三) 信息技术的应用

信息技术的集成对提升应急物资的存储与维护效率具有革命性的影响,使管理过程更加智能化和精准。首先,利用先进的库存管理系统,管理者可以实时监控物资的状态,这包括追踪库存水平、监视物资的流动以及检查存储条件是否得到恰当维护。这种系统的实时数据更新和可视化功能大大增强了库存控制的效果。其次,通过安装传感器和其他自动监控设备,可以持续监测存储环境的温度、湿度和光照等重要参数,自动调整保持最佳存储条件,从而确保敏感物资如医疗用品和化学物品的完整性和有效性。最后，强大的数据分析工具能够从历史和实时库存数据中提取洞察，预测未来的物资需求，并据此优化库存水平，有效减少物资过剩或短缺的情况。这些技术的应用不仅提高了应急物资管理的响应速度和准确性，也极大地降低了运营成本和风险，确保在紧急情况下能迅速提供必要的支持。

通过精心选择存储设施、定期进行物资检查与维护以及有效利用信息技术，可以确保应急物资在紧急情况下的可用性和可靠性，从而提高应急响应的效率。

六、应急物资的分配与调度

（一）分配策略

应急物资的分配策略关键在于确保资源能够根据紧急程度和需求优先级合理且高效地分配给最需要的群体或地区。首先，进行需求评估是此策略的基础，需要快速而精确地分析受影响区域的具体需求，包括所需物资的类型和数量。其次，基于风险评估和需求分析的结果，合理确定各个地区或群体的优先级，确保最紧急的需求得到优先满足。再次，分配过程必须保证公平性，避免资源分配的不平衡，确保每个受影响的个体和群体都能得到应有的关注和支持。最后，保持分配过程的透明度是至关重要的，公开的分配标准和流程能够增强公众对应急响应机制的信任，减少因资源分配引发的社会冲突。通过这样综合考虑各种因素的分配策略，不仅可以提高应急响应的效率，还能在危机情况下维护社会的稳定和谐。

（二）调度机制

调度机制在确保应急物资能够迅速且有效地分发至需要的地点方面发挥着至关重要的作用。为此，必须建立一个既灵活又高效的调度系统。首先，该系统需要在紧急情况发生时迅速响应，立即启动物资调度流程，从而最大限度地缩短响应时间。其次，必须确保所有参与部门和组织之间的协调一致，通过有效的沟通和信息共享机制，避免在紧急响应过程中出现混乱或重复的工作。最后，实施实时监控是保证物资分发准确无误的关键，这包括跟踪物资的运输状态，确保物资按预定计划到达指定地点，并在到达后被正确使用。通过这样一个综合性的调度机制，不仅可以提高物资分发的效率，还能确保在面对突发事件时，各方面的行动都能协调一致，有效支持紧急救援和恢复工作。

（三）物流协调

物流协调在物资分配与调度中起着至关重要的作用，它确保紧急物资能够通过最有效的方式迅速到达需要的地点。这一过程需要与运输部门紧密合作，通过精细的计划和执行来优化物资的运输路径。首先，选择运输方式时需考虑物资的特性和紧急程度，以决定使用公路、航空还是水路运输，确保物资以最快速度和最低成本到达目的地。其次，通过高效的路线规划，选定最短或最安全的路径，减少运输中的时间延误和风险。再次，进行全面的风险管理，识别并预测潜在的运输障碍，制定灵活的应对策略，以应对可能的紧急情况。最后，物流协调还涉及与供应商、仓储中心、救援队伍及受影响地区的持续沟通与合作，确保从物资供应到分发的整个链路高效运作，无缝对接。通过这些综合措施，物流协调能够确保在紧急情况下，关键物资及时准确地送达，有效支持救援和恢复工作。

通过精心制定的分配策略、高效的调度机制和紧密的物流协调，可以确保应急物资在紧急情况下能够被快速、准确地送达需要它们的地方，从而提高应急响应的效率和效果。

第三节　国内外在应急物资管理调度方面的研究进展

应急管理，作为一个新兴的学科领域，近年来在全球范围内逐渐受到了广泛的关注。目前对于应急管理的定义尚未有一个广泛接受的精确表述，不同的专家和学者对其内涵有着不同的理解。在美国，许多专家认为风险管理是应急管理的核心，侧重于预防和响应由环境和技术因素引发的灾害。而中国科学院大学应急管理研究中心原执行主任董传仪等学者则将其视为一种基于危机调查的过程，通过一系列的危机处理措施来解决危机。同时，中国的其他学者认为应急管理是基于对危机事件的分析，有效调动社会资源以控制和解决突发事件的过程。在法律层面，根据2007年颁布的《中华人民共和国突发事件应对法》，应急管理被定义为面对突发事件所采取的预防与控制措施，并详细阐述了突发事件的特点，如不确定性和紧迫性等。自2003年SARS疫情以来，中国在应急管理的预案、机制、体制及法治建设方面取得了显著进展，有效地提升了国家应对各类紧急事件的能力，为维护社会稳定和保护人民生命财产安全作出了重要贡献。

一、应急管理预案

在国际范围内，美国自 20 世纪 60 年代起便开始了行业应急预案的编制工作。1992 年，美国推出《联邦应急响应预案》，并在 2001 年基于此法案推出了更为全面的《国家应急响应预案》。2006 年对该预案进行评估后，2007 年推出《国家应急准备指南》，明确了应急预案编制的目的、执行任务、目标和能力，提供了不同情境下的编制方法。2008 年，美国又推出《国家应急响应框架》，指出先前法案的不足，并强调工作重点应放在应急准备上。

1974 年，英国弗利克斯巴勒化工厂爆炸事故发生后，英国首次制订应急预案。2004 年后，英国相继制定了《应急管理准备和响应指南》和《应急管理恢复指南》，并颁布《国民紧急事件状态法》，极大地提高了应急管理能力。

德国的应急管理责任分工明确：和平时期的灾害救助由州政府负责，战争状态下的民事保护归联邦政府管理。2001 年的调研揭示了联邦与各州在应急协作上的问题，促使 2002 年 12 月发布《民事保护新战略》。2009 年 4 月，德国通过对《联邦民事保护和灾害救援法》的修订，进一步加强了各级政府在应对突发事件中的协同能力。

在定量研究方面，学者们利用整数规划模型解决应急预案的最大覆盖问题，运用三维模型和动态方式提升应急预案的可视化，通过数学模型提高可操作性，以及开发集成化技术以支撑政府的应急救援能力。此外，有研究也专门针对全球变暖挑战制订应急预案。

中国自 20 世纪 50 年代开始在化工、煤矿等行业开展应急预案编制工作，并陆续出台相关法律法规。1991 年，制订《国内破坏性地震应急反应预案》；1992 年颁布《中华人民共和国矿山安全法》；1995 年推出一系列事故应急管理相关规定；1998 年发布《中华人民共和国消防法》。2003 年出台了《北京防治传染性非典型肺炎应急预案》；2006 年国务院颁布《国家突发公共事件总体应急预案》；2007 年全国人民代表大会通过《中华人民共和国突发事件应对法》；2024 年国务院办公厅印发《突发事件应急预案管理办法》。

在学术研究方面，专家们按影响程度对应急预案进行分类分级，研究城市灾害中交通、医疗等方面的应急预案，强调采用定性与定量相结合的评价方法，构建突发事件应急预案的评价指标体系，以及应急预案的基本框架和模型。此外，也有学者依据煤矿事故的特点构建应急预案评价模型以及优化应急预案分类方案的模糊物元模型。

二、应急管理机制

在国际层面上，对应急管理机制的研究相对较少，主要集中在政府层面的探讨，其理论基础源自诺贝尔经济学家赫维茨和马斯金（2007 年）提出的经济机制设计理论。

应急管理机制涵盖了监测预警、分级响应和社会动员等多个方面。此外，它还包括财政、税收和各种基金等资金融通手段的综合运用，因此，它是一个资金投入巨大的复杂系统工程。

在国内，除了政府机构之外，相关领域的学者们也为应急管理机制的研究作出了显著贡献。我国的应急管理机制涉及重大社会突发事件、自然灾害、国际突发事件和公共卫生事件等多个领域。为了进一步完善现有的应急管理机制，我们应当借鉴国际上的有益经验，并建立相关应急机制，同时加强各种应急机制的协调配合，以便在应对各种突发事件时形成有效的合力。部分学者及研究观点如下。

在学术研究层面，李永清（2013）从思想形成和思想发展两个阶段，对 2003 年"非典"以来我国应急管理机制理论进行了初步探讨，并明确了我国应急管理机制建设应包含的内容、范围、路径和目标。

陈晨等（2011）以日本福岛核泄漏事件为背景，通过案例分析探讨了日本在核泄漏环境应急管理中存在的问题，并提出了对中国核应急管理机制建设的启示。

张世翔（2009）总结了 2008 年年初我国电力系统抗击冰雪灾害的经验和教训，分析了电力系统在突发灾害中的应急管理协调运行问题，并提出了电力系统应急资源体系和投入保障机制的设计，以及应对策略和持续发展战略。

周兴林（2009）深入分析了我国高速公路突发事件应急救援过程中出现的问题，并探讨了高速公路突发事件静态与动态应急管理机制建设的相关问题，提出了动态应急管理流程的简图。

廖煜娟等（2012）通过问卷调查、深度访谈和文献分析等方法，研究了 2010 年贵州省突发事件应急管理机制的特点和存在的问题，并提出了加强贵州应急管理机制建设的建议。

刘海峰等（2011）研究了应急管理机制与国防动员机制的衔接性问题，并提出了促进两者有机衔接的方法，为应对多种安全威胁事件提供了强有力的保障。

赵哲锋等人（2012）通过比较美国、日本等国家的应急管理机制与我国的应急管理机制，提出了完善我国应急管理机制的建议。

邹积亮（2012）分析了荷兰政府在灾害管理实践中形成的应急管理四大机制，并指出其对我国突发事件应急机制建设的借鉴意义。

吴志丹（2013）运用应急管理的 4R 模型，构建了基于区域协作的突发生态危机应急管理机制，并提出了应急管理辅助信息系统的框架，提高了区域协作应急管理的时效性。

宋英华等（2010）研究了危机周期理论，并提出了基于危机周期的全面应急管理机制的建议。

牛丽云（2011）以青海玉树抗震救灾为例，分析了我国应急管理机制的现状，并提出了未来应急管理机制需要改进的方向。

总体而言，国外的应急管理机制建立在法制基础之上，以立法形式确定，并且在政府主导下进行了广泛的研究。国内关于应急管理机制的研究，主要由相关领域的专家学者进行，研究内容较为全面，提出了许多政策建议，并作出了重要贡献。

三、应急管理体制

在国际层面上，应急管理体制的研究主要聚焦于实践操作，而理论基础相对较为薄弱。只有少数机构如美国的兰德公司和日本的野村综合研究所在此领域进行了深入研究。

在中国，多位专家提出了关于改革和强化应急管理体制的不同观点。万军（2003）提出了改革传统应急管理体制的设想，刘琍（2004）基于公共治理理论探讨了政府处理重大危机的方法，王文良和熊贤培（2004）则研究了中国城市应急管理系统的模式。此外，王茂涛（2005）从干部人事管理体制创新的角度提出了加强应急管理体制建设的措施，刘霞（2005）和李竹林（2005）分别提出了加强公共危机管理和构建高素质应急管理队伍的对策。王满仓（2006）从政府治理的视角提出了提升突发危机事件处理能力的建议，而王光等（2006）、段晓竣等（2006）和刘士驻等（2006）分别建议加强政府与社会的合作、建立统一高效的应急管理协调机构和建立中国特色的城市应急联动系统。夏燕（2006）提出了建立多层面应急管理结构的设想，王郅强等（2008）则强调了健全政府信息公开制度以加强应急体制建设的重要性。

此外，中国在经历"非典"、地震等多次突发危机事件后，逐渐认识到加强应急管理法治建设的重要性。相比之下，美国自 20 世纪 50 年代开始应急管理法治建设，而英国、日本和俄罗斯也较早开始了相关法制研究。2007 年，中国颁布了《中华人民共和国突发事件应对法》，标志着应急管理法制框架的正式建立。尽管我国在应急管理法治建设方面取得了显著进展，但仍存在一些问题，如应急法制不够完善、法律层次较低、法规分散等。因此，应持续推进应急管理的立法工作，以不断完善和强化应急管理体制。

四、应急物流、供应链基础理论

应急物流和供应链的研究最初在国际上兴起，专注于探讨这两个领域的基本特征和核心应急策略。库克与斯蒂芬森等在1984年首次深入探讨了应急物流管理中的运输效率问题，并提出了有针对性的解决策略。随后，威廉等人在1998年进一步指出，应急供应链管理实际上涉及一个复杂的优化问题，同时强调了在应急情况下优化资源配置的重要性。菲利浦等人则通过仿真方法对供应链中的突发性物流进行了系统研究，这一工作为后续学者使用仿真技术深入分析应急物流活动奠定了重要的基础。

国内对应急物流和供应链的研究始于2003年的SARS疫情暴发。此后，经历了2008年的全国性雨雪冰冻灾害和2010年的青海玉树地震等一系列重大突发事件，这些灾难的严峻挑战促使国内学者开始重视并加强对应急物流和供应链的系统研究。

国内学者主要从定性的角度出发，系统地研究应急物流和供应链的运作理论和战略性框架。这一研究领域虽然仍处于发展的初级阶段，但已逐渐形成了关于应急物流和供应链的相关概念、特征及其运作机制的基本理解。例如，欧忠文等人在2003年提出了在突发事件中建立政府协调机制、绿色通道和全民动员等应急物流应对策略。王宗喜在同年进一步提出了与应急物流相适应的信息保障、交通运输保障和法律保障等具体建议。谢如鹤等人在2005年提出了构建应急物流体系的应变机制和运作流程的基本框架，而黄河在2006年探讨了信息技术在提升应急物流体系效率中的关键作用。陈斯卫在2007年给出了应急物流系统的设计原则和运行条件的详细说明。孟参和王波等学者通过进一步的研究，提出了有关应急物流和供应链的多层面战略建议，这些研究成果为应对突发公共危机事件提供了有力的理论支持和实践指导。

总体来看，国内外学者从不同角度对应急物流和供应链的建设进行了深入研究，提出了许多创新的建议和策略。这些研究不仅丰富了应急管理的理论体系，也为政府和企业在面对突发事件时提供了实用的策略和操作指南，具有重要的理论价值和实际应用意义。

五、应急物流和供应链优化与决策

在国际学术界，应急物流和供应链优化与决策的研究已取得了丰硕的成果。例如，大前研一于 1989 年强调了策略联盟在协调应急物流中的核心作用，开创了研究伙伴关系在应急响应中重要性的先例。此外，巴特等人在 1993 年运用投入产出模型深入分析了应急供应链协调系统的结构，为理解供应链中的资源流动和依赖关系提供了新的视角。苏布拉马尼安等人在 2001 年指出应急物流绩效的差异主要源于不同物流部门对环节监管的差异，这种差异的根本原因在于政策和体制的不同。拉塞尔在 2004 年构建了应急物资供应链运作模型并进行实证分析，为理解和优化应急供应链提供了实际的数据支持。在应急物流优化领域，学者如欧文、谷口、霍姆伯格、戈特沙尔克等也作出了重要贡献，他们的研究通常聚焦于具体技术或方法的应用，而对战略性框架的探讨则相对较少。

中国学者在应急物流和供应链优化与决策方面的研究主要集中在几个关键领域。在车辆路径优化方面，李军等人在 2000 年提出了一种基于网络流最优解的启发式算法，为应急物流中的车辆调度提供了有效的数学解决方案。龚延成等人在 2004 年结合生物免疫系统的机制，提出了免疫遗传算法，该算法通过模拟生物体免疫反应过程优化问题解决策略，增强了算法的搜索能力和稳定性。樊建华、刘春林、计国君等人在 2006 年和 2007 年对应急物流中的资源配送优化问题进行了系统研究，进一步提高了资源配置的效率和响应速度。

在应急决策领域，李建国等人应用层次分析法对应急物流保障能力进行了决策分析，突出了多因素决策环境下的复杂性和层次性。余德建等人运用网络分析法（ANP）研究了应急物流保障能力评价的方法，为评估和优化应急响应能力提供了一种新的理论工具。

总体而言，尽管国内外研究在应急物流和供应链优化与决策方面取得了诸多进展，但对于不确定信息条件下的应急供应链救灾物资配送决策的建模方法及应用研究仍相对较少，这表明未来研究可以在如何处理不确定性和提高供应链各合作伙伴间的协同效应方面进行更深入的探索。

第二章　我国应急物资储备现状

突发事件的应急处置依赖多样化的物资来源，这些物资既包括政府部门预先储备的资源，也涵盖了企业和非政府组织的存储物资；既可能来源于中央政府的应急物资储备，也可能来自地方政府的储备；存储形式多样，既有实物存储，也包括基于合同或生产能力的储备；涉及多个部门，如民政部门的救灾物资和水利部门的防汛物资。

在应对突发事件的过程中，应急物资主要来自中央及地方政府的应急物资储备、紧急采购以及社会捐赠等渠道。其中，政府储备的物资是最稳定且最关键的来源。鉴于政府在国内应急物资储备中扮演着核心角色，加强和优化政府部门的应急物资储备体系，提高政府应急物资的保障能力，对于减少突发事件可能造成的人员伤亡和经济损失、保障区域及社会经济的可持续发展至关重要。为此，必须建立一个多层次的应急物资储备体系，这将使我们在面对突发事件时能够更加灵活、主动、迅速和全面地响应（见图2-1）。

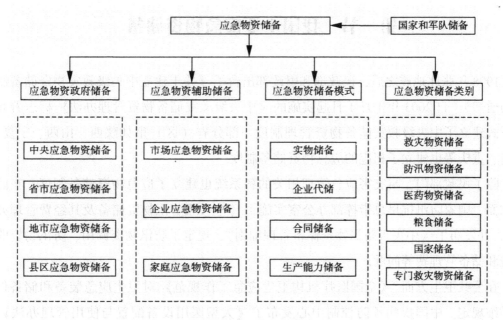

图2-1　我国应急物资储备框架

因此，从国家安全战略的高度出发，建设和完善应急物资储备体系是我们应当高度重视的任务。我国的应急物资储备框架可以参考图 2-1，该图详细展示了整个储备体系的结构和组成。

政府储备以其高度组织性和纪律性著称，并且政府应急物资储备仓库遍布全国，构建了一个广泛的仓储网络，这使得它成为应急物资筹措的首选来源，也是最关键的资源供应点。在突发事件发生后，通常首先从最近的地方政府应急物资储备库调配所需物资。如果地方库存不足以满足需求，将从邻近区域或中央级救灾物资储备库中调拨物资，甚至可能需要动用全国范围内的应急物资储备。

以往的大型灾害应急响应中，政府储备的效率和迅速性得到了充分体现。例如，在 2020 年新冠疫情期间，我国政府迅速动员全国范围内的医疗物资和个人防护装备。根据国家卫生健康委员会的数据，在疫情暴发后的几个月内，国家从中央和地方救灾物资储备库调动了数百万件防护服和口罩，确保了前线医护人员和公众的安全需求。

在处理其他自然灾害如洪水和台风应对中，我国政府同样展示了其物资调配的能力。例如，在 2021 年河南暴雨灾害中，民政部迅速从国家级和地方级救灾物资库中调拨了大量的救灾帐篷、棉被和生活必需品，支援受灾地区的紧急需求。

这些例子表明，政府在应对各类紧急情况中的物资调配策略不仅依赖强大的物资储备系统，也依赖有效的物流和管理策略，确保在危急时刻能迅速且有效地响应。

第一节　我国主要应急物资储备

1998 年张北地震之后，民政部和财政部出台了《关于建立中央级救灾物资储备制度的通知》。自 2003 年 1 月 1 日起实施的《中央级救灾储备物资管理办法》标志着我国正式建立了中央级救灾储备物资管理制度。部分省（区）市如陕西、山西、宁夏、云南、重庆等也建立了相应的应急物资储备制度。

除了民政部门，与灾害应急管理相关的各系统也建立了应急物资储备制度。在防汛方面，国家防汛抗旱总指挥部办公室实施了《中央级防汛物资储备及其经费管理办法》，并发布了《中央级防汛物资储备管理细则》，规定了防汛物资调用、防汛物资购置费和储备管理费等问题。

在公共卫生方面，《全国医疗机构卫生应急工作规范》对卫生应急装备和储备作了详细规定。中国疾病预防控制中心发布了《大型医用设备配置与使用管理办法》。地方卫生系统也陆续出台了相应的公共卫生应急物资管理办法，例如，2009 年南昌市卫生局发布了《南昌市卫生应急储备物资管理规定》。

各类应急物资储备制度的建立，为应急物资的储备提供了制度性保障。这些制度的实施和不断完善，确保了在紧急情况下能够迅速调动和使用必要的物资，提升了我国应对各种灾害和突发事件的能力。

一、救灾物资储备

救灾物资主要是指由民政部门储备，用于紧急抢救、转移和安置灾民及安排其生活所需的各类物资。目前，我国已形成了中央、省（自治区、直辖市）、地级市、县（区）四级政府应急物资储备体系，能够在突发事件发生的第一时间，迅速高效地将救灾物资调往事发地点，最大限度地保障受灾民众的生命安全和身体健康，同时充分体现了救灾物资的"时效性"。因此，救灾物资储备是自然灾害救助的有力保障，对于提高抗灾救灾水平、保障灾民的基本生活和维护社会稳定具有重大意义。

（一）中央级救灾物资储备

中央级救灾物资储备是国家应对重大自然灾害的重要保障。中央级应急物资储备库的建设始于1998年张北地震之后，当时民政部和财政部出台了《关于建立中央级救灾物资储备制度的通知》，在全国范围内建立了救灾物资储备制度，并在天津、沈阳、哈尔滨、合肥、郑州、武汉、长沙、成都、南宁、西安设立了10个中央级应急物资储备库。这些储备库在应对我国重大自然灾害方面发挥了重要作用。

2008年汶川地震之后，财政部和民政部在原有基础上，将中央级应急物资储备库增加到24个。至2021年，中央应急物资储备库增加到113个，使中央级应急物资储备库的布局更加合理，储备物资的数量和种类显著增加，大大提高了应对自然灾害的救助能力。最初，中央级储备库的物资只有帐篷，后来根据实际需要逐步增加了救灾物资储备种类。目前，中央级储备库的应急物资储备种类主要包括单/棉帐篷、棉大衣、棉被、睡袋、折叠床和简易厕所等。

中央级救灾物资的购置、储备和管理由民政部负责，资金来源于中央财政。储备模式为民政部根据实际救灾工作需要与财政部商议后，委托地方民政部门定点储备，被委托的省级民政厅作为代储单位。代储单位主要负责救灾物资的日常管理工作，民政部对代储单位的工作进行监督检查，并按照实际储备物资金额的3%作为代储单位的管理经费。

（二）省级救灾物资储备

省级救灾物资储备是我国政府应急物资储备的主要组成部分。目前，我国已在31个省、自治区、直辖市和新疆生产建设兵团建立了省级应急物资储备库。这些储备库的建立显著提高了省级政府应对突发事件的能力。根据管理权限，省级救灾物资储备库可分为两种管理模式：省级直管和市县代管。省级直管是指由省级民政厅直接管理救灾物资储备库；市县代管是指省民政厅根据本地区的客观情况及救灾需要，委托市县级民政部门定点储备，市县级民政部门作为代储单位主要负责储备物资的日常管理工作，省级民政厅给予代储单位一定的管理经费。

为了加强救灾物资储备，一些省（区、市）制定了救灾物资管理办法。例如，陕西省、山西省、宁夏回族自治区、云南省、重庆市、山东省等省（区、市）先后制定了救灾物资储备管理办法，规定了救灾物资的采购与存储、调拨管理、使用与回收等问题。然而，各省（区、市）在救灾储备上存在一些差异：

（1）救灾物资储备的经费来源：云南省规定，省级救灾储备物资的种类、数量和经费由省民政厅与省财政厅商议后报省政府批准确定；而陕西省、宁夏回族自治区等则没有具体规定。

（2）救灾物资的管理主体：部分省市由民政部门作为管理主体，省民政厅负责省级救灾物资的业务指导和分配调拨；另一些地方，如四川省、山西省成立了隶属于民政厅的救灾物资储备管理机构，负责省级救灾专用物资的加工购置、储备装运、经费管理、监督检查等日常工作。

（3）救灾物资储备的方式：部分省（区、市）只规定了实物的储备，没有提到生产能力的储备；而另一些省（区、市）则采取实物储备和生产能力储备相结合的方式，如山西省、陕西省。

最新数据显示，省级救灾物资储备库不仅在数量上有所增加，其物资储备的种类和数量也显著提升，提高了各级政府应对自然灾害和突发事件的能力。这些储备库的有效管理和运行，为受灾民众的生命和财产安全提供了坚实保障。

（三）地市级应急物资储备

地市级应急物资储备是我国应急物资储备体系的重要组成部分，也是应对一般规模和较大规模突发事件的基础。目前我国已有200多个地市建立了应急物资储备库，并储备了相当规模的应急物资。

地市级应急物资储备库的建设显著提高了地方政府在突发事件中的应对能力。例如，近年来，许多地市政府根据实际需求和突发事件应对经验，逐步完善了救灾物资储备的种类和数量。具体如下。

（1）储备种类的多样化：地市级应急物资储备不仅包括基本的生活必需品如食品、饮用水、帐篷、棉被等，还逐步增加了医疗救护物资、应急通信设备、防疫物资等。例如，在新冠疫情暴发后，许多地市储备了大量口罩、消毒液、防护服等防疫物资，以应对公共卫生突发事件。

（2）管理制度的完善：为了加强救灾物资储备，一些地市级政府制定了详细的管理办法。例如，南京市出台了《南京市应急物资储备管理办法》，明确了应急物资的储备标准、管理职责、调拨程序和更新机制；深圳市则在其《应急物资储备和管理规定》中，进一步规范了应急物资的采购、储存、使用和回收流程。

（3）信息化管理的推进：为了提高应急物资储备管理的效率，许多地市引入了信息化管理手段。通过建立应急物资储备信息系统，实现了物资的动态管理和实时监控。例如，杭州市利用大数据和物联网技术，建立了覆盖全市的应急物资储备信息平台，实现了应急物资储备的智能化管理。

（4）区域合作的加强：地市级应急物资储备还注重区域间的协同合作。部分地市通过签订区域应急物资储备合作协议，建立了物资共享和调拨机制，以应对区域性的大规模突发事件。例如，珠江三角洲地区多个地市建立了应急物资共享机制，实现了资源的跨区域调配和快速响应。

总体来看，地市级应急物资储备库的建立和完善，不仅提高了地方政府应对突发事件的能力，也为保障民众的生命安全和社会稳定提供了坚实的物质基础。通过不断总结经验、完善制度和加强技术应用，地市级应急物资储备将进一步提升其在突发事件中的应急保障能力。

二、灾害应对所需的其他物资储备

为了有效防范和应对自然灾害，保障人民群众的生命财产安全，我国制定并实施了《"十四五"国家综合防灾减灾规划》，并开展了一系列重大的防灾减灾工程。除了民政部门的救灾物资储备外，我国政府还建立了其他多种重要物资的储备，包括防汛物资储备、国家粮食储备和医药与防疫物资储备。这些物资储备在灾害应急处置和救灾过程中发挥了关键作用。

（一）自然灾害的应急物资需求及其行政主管部门

为了更科学地分析自然灾害所需应急物资的政府储备现状，首先需要明确我国自然灾害的类型及其应急物资需求。根据最新的《国家突发公共事件总体应急预案》，我国自然灾害主要包括地震灾害、水旱灾害、气象灾害、生物灾害、海洋灾害、地质灾害和森林草原火灾。表2-1展示了我国各类自然灾害的应急物资需求及相应的政府主管部门。

表2-1　我国自然灾害应急物资需求及政府主管部门

自然灾害类型	政府主管部门	物资需求	
		专用物资	通用物资
水旱灾害	水利部门（国家及地方防汛抗旱指挥部）	防汛抗旱救灾物资：如抗旱设备、救生器材	—
气象灾害	气象部门发布预警信息，根据不同的气象灾害类型由不同部门响应	气象灾害监测预警设备；灾害专门处置物资	—
地震灾害	地震部门（国务院及地方抗震救灾指挥部）	救援装备，如大型吊车、起重机、生命探测仪	生活物资；医疗物资
地质灾害	国土资源部门/建设部门/农业部门	抢险救灾物资	运输设备；通信设备
海洋灾害	海洋部门	海上搜救设备和救生器材	—
生物灾害	农业部门	生物药剂，如农药、施药器械等应急物资	—
森林草原火灾	林业部门/国家及地方森林防火指挥部	扑火物资，如扑火机具、防护装备等	—

（二）应对自然灾害相关的其他应急物资储备

目前，我国政府部门储备的可用于自然灾害应对的物资主要包括以下几个方面。

（1）救灾物资储备：由民政部门管理，主要包括帐篷、棉被、折叠床等基本生活物资。

（2）防汛物资储备：由水利部门管理，主要包括防洪沙袋、移动泵站、防洪堤坝材料等。

（3）医药与防疫物资储备：由国家卫生健康委员会及相关部门管理，主要包括常用药品、疫苗、医疗器械、防护用品等。

（4）粮食储备：由国家粮食和物资储备局管理，主要储备粮食及相关食品。

（5）国家物资储备：由国家发展和改革委员会管理，主要包括能源、金属及其他重要资源。

（6）自然灾害专门抢险救援物资储备：由应急管理部管理，主要包括救援设备、搜救工具、应急通信设备等。

这些应急物资的储备部门、管理部门和储备方式各有不同，详见表2-2。在表2-2中：

（1）委托储备：指担负物资储备任务的部门委托其下级直属单位或相关单位进行储备。

（2）自行储备：指担负物资储备任务的部门自行进行储备。

（3）企业代储：指担负物资储备任务的部门与企业签订相关储备协议，由企业代为储备。

表2-2　应急物资储备

物资储备类型	物资储备级别	管理机构	储备机构	储备方式	费用来源
救灾物资储备	中央级储备	民政部	地方民政部门	委托储备	财政部
	地方储备	地方民政部门	各级民政部门	自行储备 委托储备	各级财政部门
防汛物资储备	中央政府储备	水利部	省（区）防汛抗旱指挥部和流域机构防汛办公室	委托储备	财政部
	地方政府储备	地方水利部门、地方防汛办	地方各级防汛办、三防办和代储企业	自行储备 委托储备 企业代储	中央财政补助；地方各级财政部门
医药与防疫物资储备	中央政府储备	工业和信息化部	代储企业	企业代储	财政部
	地方政府储备	地方卫生部门	各级疾控中心、医疗机构	自行储备 委托储备 企业代储	地方各级财政部门

续表

物资储备类型	物资储备级别	管理机构	储备机构	储备方式	费用来源
粮食储备	中央储备粮	国家发展和改革委员会及国家粮食行政管理部门	中储粮总公司直属企业和中储粮代储企业	企业代储	财政部
	地方储备粮	地方粮食行政管理部门	代储企业	企业代储	地方各级财政部门
国家物资储备	国家储备	国家物资储备局	国家直属仓库	自行储备	财政部

1. 救灾物资储备

救灾物资储备是指由民政部门储备的用于自然灾害中紧急抢救和安置灾民的各类物资,包括中央级救灾物资储备和地方救灾物资储备,前面已经作了分析,此处不再赘述。

2. 防汛物资储备

(1) 中央级防汛物资储备

1996 年 4 月 11 日,国家防汛抗旱总指挥部办公室发布了《中央级防汛物资储备管理细则》,以实施《中央级防汛物资储备及其经费管理办法》。该细则对中央级防汛物资的购置与验收、储存和管理、调运、储备年限和报废更新等方面进行了详细规定。2004 年,财政部和水利部又发布了《中央级防汛物资管理办法》,这成为目前中央级防汛物资储备管理的主要依据。该办法对防汛物资的储备定额、品种和方式,以及防汛物资的管理、调用、购置费和储备管理费等方面做出了具体规定。

中央级防汛物资的采购、储备和管理由水利部负责,资金来源于中央财政。储备模式由国家防总办公室指定省防汛抗旱指挥部办公室和流域机构防汛办公室进行定点储备。目前,国家防汛抗旱总指挥部在 23 个省、自治区和直辖市设立了 26 个中央级防汛物资仓库。此外,我国的七大流域管理机构作为水利部的派出机构,也分别储备了相应的防汛物资,在流域洪灾应急处置中发挥了重要作用。

中央级防汛物资储备的种类主要包括以下内容。

①抢险物料:编织袋、麻袋、编织布、无纺布、抢险钢管、抢险照明设备、应急灯等。

②救生器材：橡皮船、冲锋舟、救生船、救生衣、救生圈等。

③防汛抢险机具：打桩机、探水器、潜水设备等。

这些储备物资在防汛抢险中提供了坚实的物质保障，有效提升了我国应对洪涝灾害的能力。

（2）地方防汛物资储备

我国地方政府也在积极进行防汛物资储备。例如，海南省、黑龙江垦区、河南省、山东省、湖南省、四川省、福建省、河北省、江苏省、福建省泉州市和西藏自治区等地，参照《中央级防汛物资管理办法》制定了适用于本地的防汛物资储备管理办法。这些办法对防汛物资的储备定额、种类和方式，储备管理、调用，以及购置费和管理费等方面进行了详细规定。

地方防汛物资的采购、储备和管理由地方各级水利部门和防汛部门负责。各地防汛部门根据本地的防洪任务来确定物资储备的品种和数量。防汛物资储备所需资金来源于中央财政补贴和地方各级财政部门。地方防汛物资储备的模式主要有两种：一是防汛部门自储；二是防汛部门委托指定仓库定点储备。

目前，部分省市如河南省、山东省和广东省等已经制定了适用于本省的防汛物资储备管理办法，对防汛物资的储备、管理和调用等问题进行了规定。

各地在防汛物资储备上存在明显差异。

①防汛物资的经费来源不同：如福建省和海南省尚未明确规定；部分省份从省级财政特大防汛专项资金中列支专项经费；黑龙江垦区通过自筹资金安排防汛物资的购置、更新、维护及仓库建设费用；而其他一些地区则从国家拨付的中央特大防汛补助费中获得经费支持。

②防汛物资储备的方式多样：湖南省和西藏自治区采取委托储备方式，由省防汛办指定市（州）防汛抗旱指挥部办公室和物资仓库进行储备；江苏省采用集中储备与委托储备相结合的方式，集中储备依靠省防办指定的仓库，委托储备由相关单位负责；山东省通过委托储备和协议代储相结合的方式，由省防办与防汛物资生产企业签订代储协议，代储单位负责储备选定的物资。

③防汛物资储备管理主体：一般包括省防汛办公室、防汛物资代储单位和防汛物资定点仓库。一些省市对这三类主体的职责进行了明确规定，也有部分省（区）仅对省防汛办公室和防汛物资代储单位的职责进行了规定，如福建省和黑龙江垦区。

地方防汛物资储备的种类主要包括石料、铅丝、麻绳、麻袋、篷布、帐篷、土工布、编织布、救生衣、沙石料、冲锋舟、橡皮船、发电机组、油锯和查水灯等。这些物资在防汛抢险中发挥了重要作用，确保了地方政府在洪涝灾害面前的应对能力。

3. 医药与防疫物资储备

自然灾害，尤其是重大灾害发生时，往往会造成大量人员伤亡，并在短时间内需要大量医药和防疫物资以救助伤员及进行灾区卫生防疫。为应对这种情况，我国政府已经建立了中央和地方两级医药储备制度。其中，中央医药储备的主要任务则是应对重大灾害和疫情；地方医药储备的主要任务是应对地区性或一般灾情和疫情。

（1）中央医药物资储备

国家医药储备的主管部门经历了多次变革：1998 年之前由国家医药管理局管理，1998 年至 2003 年由国家经济贸易委员会管理，2003 年至 2008 年由国家发展和改革委员会管理，自 2008 年起由工业和信息化部负责管理。我国的药品储备模式通常是由国家卫生健康委员会根据国家灾情需要提出药品储备目录，工业和信息化部根据该目录下达储备计划，并委托大型国有医药公司进行储备，经财政部审核后提供药品储备资金。代储企业必须按指定的储备目录储备药品，并定期接受监督检查。

（2）地方医药物资储备

目前，地方已初步形成了省、市、县三级医药物资储备体系。地方医药物资储备工作主要由各级卫生行政部门负责。储备模式通常是由地方卫生部门下达储备计划，委托相关单位或企业进行储备。这些单位主要包括疾病预防控制中心、卫生监督部门、医疗机构和急救中心等。这种多层次的储备体系确保了在突发灾害和疫情时，各地能够迅速调集所需医药物资，及时开展救援和防疫工作。

4. 粮食储备

近年来，粮食储备在应对重大自然灾害中发挥了重要作用。例如，在 2008 年汶川地震发生后的 5 天内，四川省粮食局共发出了 14200 吨粮油，有效保障了灾区人民的基本生活。目前，我国已形成了国家、省、市、县四级粮食储备体系，投资主体包括中央和地方政府，承储主体主要是中储粮总公司，储备形式基本上以原粮为主。

（1）中央粮食储备

中央储备粮由中央政府储备，涵盖粮食和食用油。国家发展和改革委员会和国家粮食行政管理部门负责总体指导和协调工作，国家粮食和物资储备局负责行政管理，中储粮总公司作为受托方，具体负责中央储备粮的管理和经营，并对储存的数量、质量和安全负责。中央财政给予中储粮总公司一定的财政补贴。中储粮总公司采用垂直管理模式，确保了中央和地方利益的清晰划分，从体制上保证了中储粮管理的高效运行。

（2）地方粮食储备

地方储备粮由地方人民政府储备，包括粮食和食用油。根据相关管理办法，地方储备粮的管理由省（市）发展和改革委员会和省粮食行政管理部门负责总体指导和协调，具体管理和经营由代储企业负责。地方财政部门给予代储企业一定的财政补贴，省财政部门也对市、县级储存单位提供适当补贴，确保地方储备粮的数量和质量，以应对地区性灾害和突发事件。

这种四级储备体系不仅在重大灾害时能够迅速提供粮食保障，也在日常调控和稳定市场方面发挥着重要作用。最新数据显示，我国的粮食储备体系不断完善，储备量和管理水平显著提高，为国家的粮食安全提供了坚实保障。

5. 国家储备和军队应急物资储备

国家储备和军队应急物资储备虽然不属于政府应急物资储备体系，但在应对重大灾害时，它们都能发挥重要作用。

（1）国家储备

国家储备由国家负责，涉及国家安全和民生的重要战略物资，由国家发展和改革委员会下属的国家物资储备局管理。储备物资主要包括石油、棉花及其他对国民经济有重大影响的资源。国家储备的主要功能是服务国防建设、应对突发事件、参与宏观调控和维护国家安全，因此也具备抗灾救灾功能。例如，在 2008 年汶川地震发生后，国家物资储备局迅速启动应急预案，调运 1.6 万吨成品油到灾区，有效缓解了油品短缺问题。

目前，国家储备实行三级垂直管理体制，即国家物资储备局、储备物资管理局（办事处）和基层单位，覆盖 26 个省、自治区和直辖市。该体系拥有数十座综合仓库，配备完善的设施设备，具有强大的软硬件优势。

（2）军队应急物资储备

军队应急物资储备的国防资源如果长期闲置，会导致无形损耗。将这些资源用于灾害应急，不仅不会削弱其军事能力，还能在实际应用中得到检验和发展。军队储备中可用于灾害应急的主要有三类资源：军队、军民通用物资和国防科技资源。

①军队：人民军队纪律严明、素质高，反应迅速，在复杂局势中能有效应对。如在汶川地震后，14.6 万名军人参与了抗震救灾，展现了其强大的应急救援能力。

②军民通用物资：包括食品、衣物、汽车等军需用品，在灾害应急中合理使用这些物资有利于其更新和循环使用。

③国防科技资源：通常以科技成果形式存在，具备不可损耗性。在汶川地震中，

军用热像仪（红外技术）在直升机搜救中发挥了重要作用，使救援更加高效。

军队应急物资储备主要服务于国防建设和国家安全，但在重大抢险救灾中，军队常发挥中流砥柱的作用。为了更好地应对重大灾害，建议进一步加强军队应急物资储备，并积极探索军地一体化的储备模式。

6. 专门抢险救援装备储备

自然灾害发生后，需要一些专门的救援装备对受灾人员进行紧急救援。这些装备在减少人员伤亡方面发挥着至关重要的作用。例如，地震发生后，需要使用专门的设备对废墟中的受困人员进行搜索和施救。不同自然灾害所需的专门抢险救援装备各不相同，且由不同部门储备和管理。

（1）地震灾害应急救援装备

地震灾害应急救援装备主要储备在国家地震灾害紧急救援队以及各省的地震灾害紧急救援队。国家地震灾害紧急救援队拥有超过20000件专业装备，包括生命探测仪、液压破拆工具、重型起重设备、搜救犬和无人机等。这些装备能够快速、有效地在废墟中定位和救出被困人员，提高救援效率。省级救援队也配备了相应的救援装备，确保在地震发生后能够迅速展开救援行动。

（2）水灾应急救援装备

水灾应急救援装备由水利部门和应急管理部门储备。主要装备包括冲锋舟、橡皮艇、浮标、救生衣、潜水设备和移动泵站等。这些装备用于在洪涝灾害中救援被困人员、疏散灾民以及排水排涝。在近年的洪涝灾害中，这些装备发挥了重要作用，保障了大量群众的生命安全。

（3）台风和风暴潮应急救援装备

沿海地区的台风和风暴潮应急救援装备由地方应急管理部门储备。主要装备包括防风应急包、临时避难所、便携式发电机和通信设备等。这些装备在台风来临前后提供应急避险、通信保障和电力支持，帮助受灾群众安全度过灾害。

（4）森林草原火灾应急救援装备

森林草原火灾应急救援装备由林业和草原部门储备，主要包括灭火直升机、灭火弹、消防水泵、防火服和灭火机具等。这些装备用于扑灭森林和草原火灾，保护生态环境和居民安全。近年来，随着装备的现代化升级，我国在应对森林草原火灾方面的能力显著提升。

（5）综合应急救援装备

除了专门的自然灾害应急救援装备，各地还建立了综合应急救援队伍，储备了包括医疗救护车、急救药品、应急供电设备、应急通信设备等在内的综合应急装备。这些装备在各种自然灾害和突发事件中均能发挥作用，确保救援工作高效进行。

通过上述多层次、多部门的应急救援装备储备体系，我国在应对各类自然灾害时具备了更强的反应能力和救援效率，最大限度地减少了人员伤亡和财产损失。最新数据显示，随着科技的发展和装备的不断升级，我国的自然灾害应急救援能力将进一步提升。

第二节　应急物资储备的主要方式

我国政府的应急物资储备方式主要包括实物储备、企业代储、合同储备和生产能力储备四种形式。

一、实物储备

实物储备是将应急物资以实物形式存储在仓库中，以便在突发事件发生后能够随时调用。这种方式由政府出资购置应急物资并修建仓库，成立专门的管理机构并配备专门的管理人员进行管理。实物储备在应对突发事件时具有重要作用，可以在事件发生后的第一时间保障应急物资的供应。实物储备对于拯救生命和控制灾情具有重大意义。由于实物储备能够迅速动员和快捷反应，因此能够在救灾初期迅速满足灾区对物资的急迫需求。

最新数据显示，我国在全国范围内建立了大量的应急物资储备库，涵盖了各类应急所需物资，如食品、饮用水、帐篷、药品、救生设备等。这些储备库分布广泛，能够在最短时间内将物资运送到灾区。例如，在2020年新冠疫情暴发初期，各地迅速调用储备的医疗物资，有效支持了疫情防控工作。

通过实物储备，我国政府在面对地震、洪涝、台风等自然灾害时，能够迅速调动资源，保障受灾群众的基本生活需要。同时，随着信息化和智能化管理手段的引入，实物储备的管理效率和调度能力也不断提升，为应急响应提供了坚实的物质基础。

二、企业代储

为了有效处置突发事件，《中华人民共和国突发事件应对法》规定，县级以上地方人民政府应当根据本地区的实际情况和突发事件应对工作的需要，依法与有条件的企业签订协议,保障应急救援物资、生活必需品和应急处置装备的生产、供给。因此,政府部门不仅要重视实物储备,还要与企业签订合同,加强企业对这些应急物资的储备。

企业代储,也称委托储备,是政府出资委托国有大型企业或相关直属企业进行应急储备的一种方式。政府定期将资金和物资储备计划下达给这些企业,企业负责物资的储备和管理工作。目前,国家医药储备主要采取企业代储的方式进行储备。企业代储对于提高应急物资储备资金的利用率、减少政府的仓储压力、提高储备效率具有重要作用。

根据最新数据,企业代储在多个关键领域已经广泛实施。例如,2020 年新冠疫情期间,国家通过企业代储迅速调集大量医药物资和防疫用品,有效支持了各地的疫情防控工作。这种储备方式不仅提高了应急响应速度,还增强了储备物资的灵活性和适应性。

企业代储作为政府应急物资储备的一种形式,其特点在于将部分应急物资的储备和管理交由企业负责,利用企业的仓储和管理能力,提高整体储备效率和应急响应能力。

三、合同储备

合同储备是一种策略,通过政府部门与拥有可能被用作应急物资的企业签订协议,确保在突发事件发生时可以迅速调用这些资源。这种方法使得政府能够在不直接持有大量存货的情况下,确保应急物资的及时供应,同时降低成本。例如,与建筑企业的合作允许在地震等灾害发生后优先调用他们的工程机械和设备进行救援。

此外,民政部救灾救济司已编制《自然灾害应急救助物资生产商名录》,这一名录收录了信誉良好的应急救灾物资供应商,为各级政府部门在紧急情况下的物资采购提供了依据和参考。但是这个目录仅列出供应商名单以便紧急联系,并没有将这些企业的产品列入中央储备,所以地方政府通常还会与区域内的大型生产和商贸流通企业签订储备协议。这些协议涵盖食品、生活用品及部分救生设备的储备,旨在满足各类突发事件的应急需求。这种储备策略不仅提高了应急响应的灵活性和效率,也加强了地方政府在灾害响应中的自主能力。

四、生产能力储备

生产能力储备是通过与能够扩大生产、转产或研制救灾物资的企业或其他单位签订协议,确保在突发事件发生后,这些企业能迅速按照协议要求或政府下达的生产任务，生产、转产或研制救灾物资的一种储备方式。这种储备不同于实物储备，它储备的是生产和研发能力。在实践中，生产能力储备可以通过签订紧急供货协议、紧急征用合同或采用期权等方式实现。

生产能力储备在应对巨灾时，对应急物资的持续供给具有重要作用，因而备受政府重视。它主要适用于不易长期储存或储存需要大量空间，且转产时间和生产周期较短的物资。具体包括以下三类。

（1）医药、食品等保质期相对较短的物资：这些物资由于保质期短，不宜长期实物储备。

（2）需求量小、资源丰富、获取容易的物资：这些物资因资源丰富且获取容易，不需要长期储备。

（3）生产周期短、扩大生产容易的物资：这些物资可以在短时间内迅速扩大生产。

然而，生产能力储备不适用于需要立即使用且生产周期较长的应急物资，因为生产需要一定时间。

目前，在我国应对重大灾害时，通常是联系相关物资的生产厂家进行紧急生产，但尚未形成系统化的生产能力储备长效机制。因此，为了更科学地发挥生产能力储备的优势，应急物资储备管理部门应结合当地情况，向符合条件的企业发布生产能力储备的具体产品品种和规模。企业自愿申报储备的产品及数量后，应急物资储备管理部门会组织有关部门和专家研究确定储备企业，并签订生产能力储备协议。

最新数据显示，在重大疫情或灾害中，生产能力储备已逐步显示出其重要性。例如，在 2020 年新冠疫情期间，许多医药和防护用品企业迅速转产扩产，确保了抗疫物资的及时供应。为进一步完善这一机制，政府正在积极推动生产能力储备的长效管理，提高应急响应能力。

第三节　我国应急物资储备的主要问题

一、储备部门分散，协调性差

我国的各类应急物资储备由不同系统和部门管理，如国家物资储备和国家救灾物资储备分别由国家发展和改革委员会和民政部负责。此外，国家防总、水利部、农业农村部、国家卫生健康委员会、国家地震局和中国气象局等部门也各自储备了一定数量和种类的应急救灾物资。这种分部门、分层级的应急物资储备与管理模式容易导致部门之间的联动性较差。

（一）缺乏联动机制

民政部门的救灾物资储备与其他部门的物资储备之间缺乏有效的联动机制。这意味着在突发灾害中，各部门的物资储备难以协同作战，造成资源调配不均。

（二）中央与地方储备之间的协调不足

中央应急物资储备与地方应急物资储备之间，以及地方之间的应急物资储备也缺乏联动机制。重特大自然灾害影响范围广、受灾人数多、资源需求种类和数量庞大，缺乏联动的储备体系导致在应急响应过程中信息传递不畅，影响了救灾效率。

（三）信息沟通不畅

由于中央与地方之间、不同种类物资储备管理部门之间缺乏纵向和横向的信息沟通，导致应急响应过程中相关信息传递缓慢。这种条块分割的管理体制在面对复杂的救灾局面时，难以迅速协调和调度应急物资。

（四）多头管理的问题

多头管理导致国家难以从整体上合理规划储备物资的种类和数量。在应对重大突发事件时，各自为战的管理模式不仅影响了应急物资的统一配置与调度，还可能导致一些救灾点物资过多，而另一些救灾点物资匮乏。

为了解决上述问题，我国正在积极推进应急管理体制改革，加强跨部门和跨层级的协调与合作。例如，中华人民共和国应急管理部自成立以来，通过整合各类应急资源和力量，提高了应急响应的整体效率。此外，信息化手段的应用，如全国应急物资管理信息系统的建设，也在逐步改善信息传递和资源调配的效率。这些措施的实施，将有助于提高我国应急物资储备体系的协调性和联动性，增强应对重大突发事件的能力。

二、布局不合理，种类数量不足

尽管应急物资储备对于灾害应对至关重要，但历史事件如 2008 年汶川地震已明显揭示了中国在此方面存在的缺陷。在该灾害中，48 小时内全国十个救灾物资储备库中的 15 万顶帐篷被迅速调用一空，但实际需求达到 85 万顶，暴露出应急物资数量严重不足的问题。响应此问题，2013 年民政部启动了包括天津、沈阳、哈尔滨等地在内的 13 个救灾物资储备库的新建与扩建项目，以增强应急响应能力。然而，除少数几个地点外，多数库存的帐篷数量仍不足以应对大规模自然灾害的需求。此外，中国的应急物资种类主要限于帐篷、棉衣、棉被和少量救生装备，缺乏其他多样化物资，与实际救援需求存在较大差距。

此外，物资储备的地理布局也不尽合理。以 2003 年新疆伽师地震为例，救灾帐篷需从远距离的武汉调运，全程约 5000 公里，用了五天的时间才到达灾区，远未达到民政部设定的 24 小时内应对灾害的目标。虽然水和食物可以较快在当地采购解决，但非食品类救援物资的运输效率仍是一个亟须解决的问题。即便在 2010 年玉树地震中，虽然政府加强了物资储备，重要救援设备的供应仍未能在 24 小时内到位，显示出应急物资布局和及时供给上的持续挑战。这些事件表明，尽管有所进步，中国在应急物资管理、储备量和快速分配能力上仍需进一步加强和优化。

三、管理模式滞后，职责履行不到位

应急物资管理面临着多重挑战，尤其是在管理模式、自动化水平、管理环节和监管力度等方面的问题较为突出。

（一）管理模式不清晰，责任划分模糊

在中国的应急物资管理体系中，通常涉及三类主体：管理机构、代储单位和定点仓库。然而，现行的法规并未明确这些主体间的责任和权限，这种模糊导致了管理上的脱节，影响了应急物资储备的整体效率和质量。

（二）仓储设施和自动化技术落后

我国的应急物资仓储中心普遍存在基础设施薄弱、机械化和信息化水平低下的问题。这些中心的规模和建设标准未能达到现代化需求，难以满足灾区对高效支援任务的要求。

（三）管理环节烦琐，响应速度缓慢

例如，民政部救灾物资储备的调配流程涉及多个步骤，从灾害发生到物资实际到

达灾区的时间过长，增加了受灾群众的等待时间。烦琐的报批制度和多余的管理环节严重拖慢了应急响应速度。

（四）监管不力，地方政府和企业责任缺失

缺乏有效的监管使得部分地方政府和企业未能有效执行储备职责。尽管按照"分级负责"的原则地方政府应当储备一定的应急物资，但由于经济实力和认识程度的不同，一些地区的储备严重不足。同时，政府委托的代储企业由于监管不力，有的未能有效履行职责，甚至出现挪用资金、储备物资数量和质量不达标的情况。

这些问题表明，我国在提高应急物资管理效率、加强监管力度以及优化管理流程等方面仍有大量工作需要做，以确保在面对突发公共事件时能够提供及时有效的支援。

四、缺乏风险评估，主观性强

自然灾害的类型和严重程度是决定应急物资储备策略的关键因素，包括所需物资的种类、数量和分布。在理想状态下，物资储备应基于每个地区的地理特征、人文背景和灾害发生的频率来进行策划。例如，在地震多发的地区，应当优先考虑储备专门用于地震救援的物资，如生命探测仪器、重型破碎设备和紧急医疗用品。然而，在实践中，中国的应急物资储备经常基于经验而非严格的科学风险评估进行，这一做法有待改进。以吉林省为例，无论是市级还是县级单位，在预防和急救药品方面的储备普遍不足，且与国家规定的标准和重大灾害需求相比存在较大差距，表明了储备策略的不足。

此外，一项覆盖中国五个省（区）市的疾控中心调查发现，大部分省（区）级、市级和县级疾控中心的消毒药品储备不足以应对重大疫情。这些数据反映出当前的储备系统在规模和种类上均难以满足潜在的危机需求，暴露了需要更系统、科学的风险评估和物资规划的紧迫性。中国的应急物资储备体系亟须加强，通过建立更为科学的风险评估机制和储备规划，确保在自然灾害和公共卫生危机中能够有效地支持救援行动和灾后恢复工作。这不仅涉及物资的充分性和适用性，还包括对储备机构的管理优化和响应流程的快速执行。

五、储备模式单一，储备成本较高

应急物资的储备模式主要分为四种：实物储备、企业代储（委托储备）、合同储

备以及生产能力储备。目前，在中国的应急管理体系中，中央及地方政府通常采用实物储备和企业代储两种方式，这些均涉及政府资金的直接投入。例如，民政部门会直接储备救灾物资如帐篷和生活必需品（实物储备），而卫生部门则可能委托制药企业储备必要的医疗物资和药品（企业代储）。

这两种储备方式在快速响应灾害事件、减少人员伤亡方面发挥着至关重要的作用。然而，单靠实物储备可能导致成本过高和资源浪费，尤其是在储备大量、不常用的物资时更为明显。因此，为了优化资源配置并提高应急响应效率，建议采取多元化的储备策略。结合合同储备和生产能力储备不仅可以降低直接储备的财政压力，还可以增强系统在面对重大突发事件时的物资供应能力，确保在危急时刻能够迅速有效地提供所需物资。通过这种综合应用不同储备方式的策略，可以更好地应对各类突发事件，确保公共安全和社会稳定。

（一）实物储备需求增强

实物储备对于突发事件的快速响应至关重要，能够确保救援物资在灾害发生后迅速被运往受影响地区。虽然中国已建立了一套较为完整的应急物资储备体系，但现有的实物储备量通常无法满足大规模或重大灾害的需求。为此，不仅要增加储备量，还需优化储备物资的种类和质量，确保储备能够覆盖各种可能的紧急情况。

（二）企业代储体系完善

企业代储作为一种提高应急资金使用效率和资源利用率的策略，对减少社会资源积压和浪费具有重要作用。目前，虽然许多地区已开始采用这种方式储备医药等关键物资，但整体上看，企业代储仍处于初级阶段，物资种类较为单一，且缺乏成熟的管理制度和模式。因此，需要通过制定更为严格的政策和监管措施，推动企业代储体系的标准化和多样化。

（三）合同储备和生产能力储备标准化

虽然合同储备和生产能力储备已被广泛应用，但实际操作中往往缺乏实质性的执行力。例如，虽然政府部门拥有与企业合作的名单，却常常没有与这些企业签订具体的执行合同，或者合同内容不够详尽，缺少明确的物资调用方式、价格设定和补偿机制。此外，合同通常不会定期更新，这导致在实际需要时，合同所涉企业可能已无法履行合同，如倒闭、缺货或无法扩大生产规模。因此，建立一个规范的合同管理系统和确保生产能力的持续更新至关重要，这可以提高合同储备和生产能力储备的实际效用。

综上所述，通过加强这些储备方式的质量和管理，可以大大提升中国应急物资管理的效率和响应能力，更好地应对各种自然灾害和公共卫生事件。

六、储备资金投入少

在中国，应急物资储备的资金投入明显不足，尤其是与总体财政支出相比，其中救灾物资储备的投入占比极低，平均仅为 0.0121%，即使在 2008 年达到历史最高水平也仅为 0.04%。2017 年至 2021 年的数据表明，全国只有西藏自治区、云南省、贵州省和青海省的年均救灾物资储备支出超过 2000 万元。与此同时，大多数省份的年均支出甚至不足 1000 万元。这种资金不足的情况在很大程度上是由于地区间经济发展的不均衡以及其他相关因素造成的，导致很多地区难以建立足够的救灾物资储备。

此外，《中华人民共和国自然灾害救助条例》及相关政策虽然规定了设立专项资金来保障救灾物资的储备，但实际执行中中央与地方在资金分配上的不均衡导致地方政府投入不足，难以有效应对突发的自然灾害。2008 年雨雪冰冻灾害的应对过程中，许多县级政府因为未能储备足够的应急物资而暴露出应急管理体系的缺陷。这种资金的不足和分配不均在灾害发生时加剧了处理的困难，影响了灾害应对的效率和效果。

因此，为了提高中国在自然灾害中的应对能力，迫切需要增加对应急物资储备的资金投入，并改进资金的分配机制。优化资源配置，特别是在地方政府层面，不仅可以加强地方的自主应对能力，还能在国家级别形成更为均衡和有效的应急响应体系。这要求政策制定者和相关部门采取切实可行的措施，确保救灾物资储备能够满足国家和地方在紧急情况下的需求，从而更好地保护人民生命财产安全。

第四节　国外应急物资储备的管理经验

由于不同国家在政治、经济、自然地理条件以及科技发展水平上的差异，各国建立的突发事件应急管理机制也不尽相同。在这方面，发达国家如美国、日本、俄罗斯和德国等较早开始发展，并已形成了一套较为系统的应急管理协调机制。这些国家根据各自的国情，建立了适用的应急资源管理体系，这些做法为我国完善自身应急管理体系提供了宝贵的参考和借鉴。

一、美国应急资源管理

美国的应急资源管理已大幅实现规范化、标准化和流程化，有效地解决了应急资源管理与实际救援需求之间的矛盾。美国应急资源管理体系的显著特点是将资源管理分为常态化和非常态化两个部分，这种做法极大地提高了应急响应的效率。这一系统的发展确保了在应对突发事件时能够迅速且有效地部署所需资源。

（一）常态化资源管理

常态化资源管理是为潜在的突发事件提前进行资源规划的过程，这一管理策略关键在于有效预见和准备，确保在事件发生时能快速响应。美国的常态化资源管理体系涵盖以下六个核心环节。

1. 辨识风险后果

这一阶段是常态化资源管理中至关重要的一环，管理者通过采用科学的风险和脆弱性分析方法来评估可能发生的灾害类型。这包括自然灾害如洪水、地震、飓风，以及由人为因素引发的灾难如工业事故或恐怖袭击。管理者需确定这些事件发生的可能性，并评估它们可能造成的人员伤亡和财产损失。基于这些信息，可以制定详细的风险区划图，这些图表不仅帮助决策者理解潜在风险的分布，也为应急资源的种类选择和存储位置的决策提供科学依据，确保资源布局最大限度地覆盖所有潜在的风险点。

2. 资源需求分析

在风险后果被明确辨识后，接下来的任务是对所需应急资源进行详细的需求分析。这一过程涉及对每种灾害类型可能需求的资源种类、数量进行精确计算，同时考虑资源的时效性（如多快需要部署）、结构（单一资源还是多功能资源），以及质量要求（如医疗资源的特定标准）。此外，资源需求分析还需考虑到地域的特殊性，例如一些地区可能更需要洪水防控设备，而另一些地区则可能更需要防火设备。通过这种方式，资源的配置可以更具针对性和效率，最大限度地提升其使用价值。

3. 潜在资源分析

在美国的应急资源管理体系中，潜在资源的分析和整合是确保资源快速动员的关键。资源被细分为多个类别：可用资源是指立即可用于应急响应的物资和设备；互助协议资源涉及与邻近地区或机构预先签订的共享协议，这些协议在灾害发生时能够保障资源的快速调配；上级援助资源包括来自上级政府或军方的支持；志愿者组织的资源则体现了社区和民间组织的参与，它们在许多情况下能提供额外的人力和物资支持；商业资源则通过与企业建立的合作关系在需求发生时迅速供应所需物资；社会捐助则指定了接受公众捐赠的物品和服务类别，明确了这些捐助如何被有效管理和使用。这样的分类确保了每一类资源都能在灾害应对中发挥其最大的效能。

4. 资源动用和采购程序

在紧急情况下，确保资源能够迅速动用和采购是至关重要的。美国政府已经建立了一套详尽的资源动用和采购流程，这包括应急物资的快速审批流程和紧急采购通道。这些程序预设了在各种灾害情况下的操作规则，包括如何快速动用存储的资源和在紧急情况下如何快速进行市场采购。此外，这些规则还涵盖了跨部门和跨地区协调机制，确保在全国范围内能有序执行资源调配。

5. 应急资源管理的立法保障

为了确保应急资源管理的效率和公正性，美国通过立法确立了一系列措施，如在紧急状态下的价格控制，以防止物资短缺时的价格操纵；优先采购权，确保关键资源如医疗用品和基本生活物资能够优先供给救援机构；财产征用法，允许政府在必要时征用私人财产用于公共安全。这些法规为应急资源管理提供了坚实的法律基础，确保在执行中既高效又符合法律法规。

6. 制定和维护资源目录

一个精确且时刻更新的资源目录是高效应急资源管理的关键。美国不断完善其资源目录系统，包括详尽记录每项资源的种类、存储位置、所有者信息，以及如何迅速获取这些资源的详细流程。这个目录不仅为资源调度提供指导，还通过采用现代信息技术确保所有数据的实时更新和高度可靠性。通过这种方式，应急响应团队可以快速获得最新、最准确的资源信息，大大提高了应对灾害的能力和效率。

通过这种系统化的常态化资源管理，美国能够确保在突发公共事件发生时，应急管理系统具备足够的灵活性和效率，以最小的混乱应对最大的挑战。

（二）非常态化资源管理

在"9·11"事件之后，美国意识到其应急体系存在一系列不足，尤其是在资源储备、信息收集和行动协调等方面。此外，突发事件的复杂性对应急资源的及时调度和精确配置提出了更高要求。为了强化常态化和非常态化资源管理，美国采取了一系列可靠的应急资源管理策略，确保在需要时能够迅速响应。

1. 资源高效获取

为提高应急响应速度，美国制定了一套标准化的资源获取流程。这一流程包括但不限于采购、合同签订以及库存提取，确保应急资源能从多个渠道迅速获得。特别是在采购环节，美国实施了快速采购程序，允许在紧急情况下绕过常规的采购程序，从而大幅缩短供应链反应时间。此外，合同签订环节也特别强调灵活性和速度，以应对各种突发情况的需求。

2. 资源信息管理

美国的资源信息管理系统运用最先进的技术，能实时准确地更新和管理资源。这些系统不仅能追踪资源的当前状态和库存，还能预测和调整未来的资源需求。通过集成地理信息系统（GIS）、资源跟踪系统和运输跟踪系统，这些管理系统提供了一个全面的视图，使得决策者可以在灾害发生时迅速做出响应。

3. 应急资源需求分析

在灾害发生时，根据具体影响的细致需求分析是至关重要的。这包括评估灾害对社区的具体影响、资源缺口以及优先满足的需求。需求分析结果将直接影响资源调度的策略和优先级，确保资源可以被有效地分配到最需要的地方。

4. 优先级定义

优先级定义对于管理同时发生的多个紧急事件至关重要。美国的应急资源管理体系能够根据事件的严重性、影响范围和紧急程度动态调整资源分配的优先级。这种灵活的优先级设置确保了在资源有限的情况下，可以最大化资源的使用效果。

5. 资源调配与返还

确保资源能够及时有效地分配至需要地点是资源管理的关键。美国实施了详细的调配和分配程序，包括如何快速运输和分发物资。此外，资源返还机制同样重要，特别是对于非消耗性资源。在事件处理结束后，通过制定的返还程序，这些资源可以被回收和再利用，显著减少浪费并准备好用于未来的任何需要。

二、日本应急资源管理

日本，由于其地理位置独特，是一个地震频发的国家，被誉为"地震国"。在日本，平均每天发生约4次地震，而全球里氏规模6级以上的地震中，约20%发生在日本。这种高频率的地震活动促使日本在应急管理方面进行了巨大的投入，使其在发达国家中处于领先地位。日本的应急管理模式特点为"行政首脑指挥，综合机构协调联络，中央会议制定对策，地方政府具体实施"。这一体系有效地整合了中央与地方的力量，确保了应急措施的迅速和有序执行。日本还建立了完善的应急资源管理机制，包括设有专职的应急队伍和强大的物资储备系统，这些都是其快速有效响应地震等自然灾害的关键因素。

（一）应急资源灾害对策本部

日本的应急资源管理体系分为中央和地方两个层级，其中中央层级由首相负责领导的"紧急灾害处理对策部门"来统筹，而地方层级则在县级政府中设有防灾救急部门，并开设相关课程以提升防灾能力和协调综合管理工作。地方政府同样负责制订防灾计划，确保快速有效的地方响应。

日本特别强调专门化和部门化的救援队伍组建，包括由消防安全部门组织的专业救援队伍，这些队伍主要由军事部队和消防部门的人员组成。此外，日本还特别重视社区居民的参与，许多普通居民自发组织成为救援队伍，并接受严格的专业化培训。这些经过政府审核的民间救援力量，如消防团员，通常是本地紧急救援的核心力量，同时是随时待命的社会志愿者。

在消防资源方面，日本拥有庞大的消防队伍网络。不仅政府部门设有消防队，许多企业单位也维护着自己的消防队伍。所有这些消防队伍均受政府统一调遣。例如，一个典型的县级行政单位可能拥有 23 个消防部门和超过 1 000 名专业消防工作人员，以及 7 000 多名消防队员。

在资源管理风险方面，日本强调民间部门和社会团体的积极参与对于救灾应急活动至关重要。这种参与不仅减轻了政府在突发事件应对中的负担，还有效分散了由政府单独承担应急资源管理的风险。为此，地方政府通常会与民间部门和社会团体预先签订合作协议，确保在灾害发生时能迅速整合并调配应急物资和避难场所，增强了整体社会的应急响应能力。

（二）应急资源储备定期轮换制度

日本的应急资源管理体系特别强调了灾害救助的立法和资源储备制度的规范化。日本《灾害救助法》规定了具体的财务措施以支持灾害应对活动。例如，东京都必须将过去三年地方普通税收额平均值的 5% 作为灾害救助基金进行积累。到 2022 年，这一基金已超过 110 亿日元（约合 1 亿美元）。

此外，日本的应急资源储备还包括"定期轮换制度"，确保所有储备的食物和饮用水都在保质期内，过期的物资则用于防灾演练，从而维持其实用性和有效性。截至2022年年底，东京市区已建有多个地下应急供水池；截至2023年4月1日止，设有超过37万个简易厕所和数千个救灾物资储备仓库，分布在学校和社区等关键位置。

在日本，由于其作为岛国的地理特性以及频繁的地震活动，政府特别注重开发和储备抗震相关的救灾物资。应急救灾物资不仅涵盖了基本的生存需求，如食品、饮用水和医疗用品，还包括专门的防火和防震设备。为了提高公众参与度和企业对应急管理的投入，政府还积极推广防灾产品和训练，确保每个家庭都有适当的防灾应急用品和自救工具，这反映了日本公众极强的防灾意识。

这种综合性的应急资源管理和公众教育策略，使日本能够有效地应对频繁的自然灾害，减轻灾害带来的影响，保护公民的生命和财产安全。

三、俄罗斯应急资源管理机制

俄罗斯频繁遭受各类灾害，因此其应急管理政策是国家安全架构中的核心部分。俄罗斯的应急资源管理体系以总统为核心，联邦安全会议负责制定国家安全战略并作为决策中心，而紧急事务部及其他相关部门则构成了执行机构。这种结构形成了一个高度协调的垂直应急管理体制，旨在高效响应和处理各种突发事件。

（一）应急资源"紧急状态部"

为了确保应急资源的时效性和精准调配，俄罗斯设立了"紧急状态部"，该部负责管理和调配国家的应急资源，包括多领域的武装援助力量。这些力量涵盖了民防部队、搜救队、船只事故救援队和水下设施事故救援队等。联邦一级救援队拥有专业的救援设备和技术，包括运输机、潜水服、呼吸装置、纤维光学设备、特种航空器材和液压气压装置等。

此外，俄罗斯非常重视应急管理人员的专业培训和素质提升，建立了一套完整的领导培训体系和专业救援人员培训及考核系统。俄罗斯的紧急状态部还直接管理数所专业教育机构，包括圣彼得堡消防大学、民防学院、伊万诺沃国立消防学院和国家消防学院等，共计8所专业教育机构。特别是成立于1906年的圣彼得堡消防大学，它是俄罗斯培养应急管理专业人才的主要基地之一，拥有160多名教授和副教授，并提供多种专业领域的应急管理课程。这些教育机构不仅提高了应急响应人员的专业能力，也为俄罗斯的应急资源管理体系提供了持续的人才支持。

（二）垂直型应急资源管理模式

俄罗斯的垂直型应急资源管理模式建立了一个全国性的庞大应急资源管理体系，包括一个直辖的 40 万人规模的应急救援部队及其配套装备。这支部队作为一个独立的警种组织，拥有统一的部队结构、制服和警衔系统。在管理结构上，该模式从联邦层级到联邦主体（包括州、直辖市、共和国和边疆区）以及城市和基层村镇，实现了四级政府的垂直领导。

在不同的紧急情况下，俄罗斯联邦总统拥有广泛的权力，可以根据需要下达具体指令。这些指令可能包括调整或部分中止某些紧急状态地区的政府职能，限制人员随意迁移，或实施特别制度。此外，在确保民众生活必需品供应的同时，也可能对财政和劳务等方面实施限制。这种管理模式使得俄罗斯能够在面对各种危机和灾害时，迅速、有序地动员应急资源和人员，有效应对紧急情况。

四、德国应急资源管理机制

德国是一个人口约 8200 万的联邦制国家，由 16 个州组成，每个州享有较高的自治权。德国在应急管理方面有着明确的任务分配和责任划分。联邦政府设有专门的指挥中心，即由联邦内政部设立的联邦民众保护与灾害援助部门，负责协调和指挥国家级的应急响应，以确保公民安全。

对于日常的应急管理工作，德国依赖内政部、现场处理部门、各级消防局、红十字会以及工人救助联合会等机构。这些机构负责处理常规的紧急事件和灾害响应。

在应急资源管理方面，德国建立了"共同报告和形势中心"，该中心负责收集和分析关于公共安全的所有信息，以便于快速和有效的决策制定。此外，德国还拥有一个完善的"灾害预防控制"体系，这个体系通过预先规划和预防措施，降低灾害发生的概率和影响，确保在紧急情况下的高效应对。这种结构化和层次分明的管理机制使得德国能够在面对灾害和紧急情况时，迅速动员所需资源，有效保护民众的生命财产安全。

（一）"共同报告和形势中心"机构

德国的"共同报告和形势中心"是一个关键的机构，主要负责在国内各州之间以及国际组织之间进行协调，尤其是在灾害预防领域发挥着核心作用，成为国家危机管理的中心机构。这个中心通过开放式的互联网平台，为公众和应急管理机构提供关于应急组织和资源管理的信息。

此外，德国还建立了一个庞大的"紧急预防信息系统"，该系统储存了大量信息，能在灾害发生前预测危险的可能性，并提供关键信息以助于防灾准备。在平常时期，这个网络系统通过其2000多个活跃平台，为公众提供灾害发生后的救助信息和指导。

特别是在危急情况下，"紧急预防信息系统"通过降低风险和提供及时信息，有效支持资源管理和应急响应的工作。系统内的信息对应急规划人员极为有用，帮助他们制定更加有效的应对措施，以应对各种突发事件。这些技术和资源的整合，使得德国在应急资源管理方面具有高效的响应能力。

（二）"灾害预防控制"模式

德国的"灾害预防控制"体系通过分区分任务的结构来提供一个全面的灾害预防及管理模式。这一模式利用先进的技术为应急资源的调配和供应提供专业化的指导，尤其是在应对疫情、水灾、火灾等自然灾害时表现出其效能。

德国拥有多支专业的突发事件救援队伍，包括非政府组织（NGO）形式的"健康促进会"，该机构不仅拥有完整的健康计划，而且能在紧急情况下迅速反应。例如，"健康促进会"能够在30天至60天内通过水陆空运输方式将300多万千克的供应品运送到全球80多个国家，其应急管理系统在此过程中起到关键作用，优化物资供应的效率并节省仓储空间，特别是在管理紧急医用药品方面表现突出。

从国际的应急管理实践中可以看出，成功的关键在于拥有完善的预案和法律体系以及协调一致的应急机构。这些机构职责明确，能够在灾害发生后迅速且有效地行动，确保应急响应与事前的法律预案紧密结合，从而有效地保障应急物资储备的准确性和及时性。

因此，我国应当借鉴国际上的先进理论和实践经验，发展适合自身情况的应急管理储备机制和体系。目前，我国在应急储备设施方面相比国外还有较大的提升空间，应引入先进技术来优化仓储布局和设施，同时关注仓储设施的现代化和人员的专业化管理。在应急物资的获取和管理上，应从现有的单一、僵化模式中转变，通过政府与企事业单位的合作优化储备体系和管理模式，提高应急物资的管理效率。此外，加强相关立法也是关键，强大的法律支撑是确保应急物资储备系统健康运行的基础。

第三章 应急物资管理

在社会发展的过程中，突发公共事件的发生具有不可预测性和不可避免性。近年来，我国经历了多次严重的自然灾害，其中尤以2008年南方雨雪冰冻灾害和四川汶川大地震为代表，这些灾害对人民的生命财产安全和社会经济造成了极大的影响。面对这样的挑战，如何有效应对自然灾害，尽量减少损失并防止灾害进一步扩大，成为我国亟须解决的重要问题。

因此，提升我国的社会应急管理能力成为当前发展的关键需求。在应急管理中，应急物资的储备、管理和调配是基础保障，对提高救援效率和减少灾害影响至关重要。确保应急物资充足的储备量、合理的储备结构、规范的库存管理、合适的储备布局和高效的运输调度系统，是优化资源配置、提高应急响应速度和效率、最大限度降低灾害损害的关键措施。

通过这些措施，我们能够更好地动员和利用有限的人力、物力和财力，不仅提高应急响应的整体效率，还能在灾害发生时快速、有效地采取行动，从而保护人民生命财产安全并维护社会稳定。

第一节 应急物资的发放需求预测

在现代社会的应急管理体系中，应急物资的高效发放是保障公众安全、减少灾害损害的关键环节。随着自然灾害和公共危机的频繁发生，如何精准预测和满足突发事件中的物资需求成为一个日益突出的问题。正确预测应急物资的需求不仅关系到救灾效率的提高，也直接影响救援操作的成本效益。预测的准确性可以显著提高资源的利用效率，避免资源浪费，确保在关键时刻物资能够被迅速且有效地分配到最需要的地方。

一、应急物资需求概述

（一）应急物资需求

应急物资需求是指在有效应对突发公共事件时所需的最小物资量。这里，"有效"意味着能够高效利用物资应对突发事件，而"最小"则是指在确保成功应对这些事件的前提下，所需物资的最低限度。因此，确定物资需求涉及优化配置，即在预设的突发事件类型和强度下，估算成功应对所需的最小物资量。

突发公共事件通常是指那些突然发生并对国家或局部地区的公共秩序、社会安全、公民生命和财产安全构成或可能构成重大威胁和损害的事件。这些事件可能会导致严重的人员伤亡、财产损失和广泛的社会影响，涉及公共安全的紧急情况。其中，战争和全国总动员、局部动员导致的紧急状态属于最严重的类别。

根据国内外的先进应急管理实践，结合突发事件的发生过程、性质和机制，这些事件可以分为自然灾害、事故灾难、公共卫生事件、社会安全事件、经济危机和战争六大类。

由于各类突发公共事件的性质各异，它们对应急物资的需求也各不相同。事件的类型、强度、规模以及响应方式等因素均会影响物资的需求量。因此，在分析应急物资需求时，必须首先明确所需物资的具体内容及突发事件对这些需求的具体影响。

（二）应急物资需求的内容

1. 物资的数量需求

物资的数量需求是指在突发事件发生后，为有效应对所需的最低物资量。这通常根据物资的具体数量来描述，如某次地震事件可能需要 100 吨粮食和 500 件棉衣。物资数量的需求通常与事件的规模、强度及其发生环境密切相关。一般情况下，事件的严重程度越高、影响范围越广、事发地区人口密度越大，则对社会经济的冲击越严重，相应地，所需的物资数量也越多。

2. 物资的质量需求

除了数量，物资的质量同样重要。质量需求确保物资能够满足时效性、可靠性和成本效益等方面的标准。质量需求通常通过动员时间、风险和成本等指标来衡量。事件的性质、可能引发的危害、规模及应对措施都会影响物资的质量需求。

3. 物资的结构需求

单纯的数量和质量需求无法全面反映物资需求的复杂性，还必须考虑物资的结构需求。这主要涉及不同类型物资间的比例关系。例如，在抗击某种传染病时，不仅需要考虑口罩的数量，还需要关注口罩与其他医疗物资如消毒剂的比例。在紧急救护中，药品以及配套的医疗设备也需按一定比例配置。物资的类型和需求结构通常由事件的性质决定，需根据不同事件的特点调整物资组合。

物资需求分析非常复杂，目前很多情况下仍依赖主观经验判断，这可能导致资源配置不当，进而造成资源浪费或响应不足。因此，迫切需要引入科学的预测方法和建立模型化的物资需求预测，以优化资源配置并提高应急响应效率。

（三）应急物资需求特点

应急物资需求的独特性显著不同于传统的物资需求，主要体现在其突发性、不确定性和时效性等方面：

1. 突发性

突发公共事件因其无预警的性质，通常会在非常短的时间内造成广泛的破坏或影响。日常情况下，由于资源和成本的限制，不可能完全储备所有可能需要的物资。因此，当突发事件确实发生时，原有的物资存量往往难以满足需求，造成供应的短缺。这种需求的突然增加，要求应急响应系统能够迅速从正常运营状态转变为高效的危机响应模式。随着应急措施的持续实施和事件的有效控制，物资需求会逐步从紧急状态恢复到常规水平，但这个过程中物资管理的灵活性和响应速度是关键。

2. 不确定性

由于突发事件的多变性，事件发生后常常难以用常规的方法准确判断情况，面临的是信息的不足和不准确，如信息的时效性、完整性问题显著。这种不确定性使得预测物资需求变得极其困难，因为很难事前知道所有可能需要的物资类型和数量。因此，应急物资的配置和准备需要考虑到灵活性和多样性，以适应不同情况下的需求变化。

3. 时效性

应急物资的需求具有极强的时效性，对物资的动员和分配速度提出了极高的要求。突发事件可能迅速造成严重的人员伤亡和财产损失，只有在事件发生后的黄金时间内迅速提供必要的支援，才可能有效减少损失。这就要求应急物资的调度系统能够在接到需求后，快速、准确地完成物资的配送。此外，应急物资管理作为一种公共行为，涉及的物资支援不仅是物理的提供，还包括法律和道德层面的考量，如何合法、合理地分配资源，确保公正和效率，也是应急物资管理需考虑的重要方面。

总之，理解和应对应急物资需求的这些特点，对提高灾害应对的效率至关重要，需要一个综合性、灵活性强的管理系统来确保在危急时刻能够做出最有效的响应。

二、应急物资需求预测

(一) 传统预测方法概述

1. 预测发展情况

预测，作为一种探索未来的科学实践，尽管其概念在古代就已存在，但直到 20 世纪初，随着科学技术的快速发展，预测才真正形成了一门科学学科。现代预测技术，已成为一门成熟的科学，广泛应用于全球各行各业，从经济发展到环境保护，从公共健康到技术创新，预测技术在各个领域都发挥着重要作用。

在国际舞台上，许多国家将预测技术作为制定政策和长期发展战略的基石。例如，法国政府通过长期预测技术来指导其宏观经济和社会发展规划，这些预测对法国的长期经济建设产生了深远的影响。美国政府则利用预测技术来研究和制定其能源政策，通过组织专家进行广泛的能源预测研究，为能源安全和可持续发展提供决策支持。日本政府采用专家咨询法，进行广泛的宏观经济预测，以确保政府的经济政策和市场发展能够相互协调。印度政府在 20 世纪 90 年代大力推动社会经济发展，特别是在食品安全、卫生保健、计划生育和能源开发方面，进行了一系列的大规模预测活动，以形成更具前瞻性的政策和战略。

在中国，自 20 世纪 80 年代以来，预测科学不仅得到了政府的高度重视，而且取得了显著的发展。我国在多个领域如人口、社会经济、科学技术、能源、农工业生产及人才培养等方面广泛应用预测技术，显著提升了国家管理和决策的科学性和有效性。随着人工智能、机器学习和大数据等现代技术的进步，智能化预测方法逐渐成为预测学科的发展趋势，这些技术的应用使得未来的预测工作将更加精准、高效，从而更好地服务于社会发展和人类福祉。

2. 预测方法分类

尽管预测方法种类繁多，但至今未有一个统一、全面且普遍适用的分类体系形成。在历史上，不同的学者和研究者提出了各自的分类方法。例如，苏联的秋也夫在《过程的定量特性预测》中将预测分为启发式预测和数学模型预测；美国的 Markridakias 在《预测方法和应用》中区分了定性和定量方法；苏联的道勃罗夫在《科学和技术预测》中提出了专家评估法、趋势外推法和模型法；美国的 B. Twiss 在《计划决策中技术预测》中按预测要素划分为定性预测、定量预测、定时预测和概率预测；而 Jantsch R. 在《远景中的技术预测》中则提出直观性预测、探索性预测、目标预测和反馈性预测。

在中国，较为通用的分类方法是将预测技术分为定性预测、时间序列和因果关系三类，其中后两者属于定量方法。选择正确的预测方法对预测结果的准确性至关重要。对于相同的预测目标，不同的预测方法可能在相同的假设条件下产生不同的结果，这取决于决策者的主观经验和所选预测模型。

目前，智能化预测方法已成为预测科学的一个重要发展趋势。许多智能决策支持系统已经开始采用这些方法，而且许多学者已从不同的角度对智能化预测方法进行研究，取得了一定的成果。

尽管如此，应急物资需求预测通常还是以专家的经验判断为主，目前尚未形成成熟的预测模型。突发事件的非常规性和不确定性使得应急物资需求预测面临更大的挑战。然而，在相似类型的突发事件和相似的环境条件下，应急物资的需求往往具有一定的相似性。国家经济动员管理人员和专家常根据过去的经验或类似事件来预测应急物资的需求。因此，可以利用过去同类突发事件的物资需求数据作为案例，通过相似性原理来预测和推断未来的物资需求。这种方法虽然依赖历史数据，但在缺乏更精确科学模型的情况下，提供了一种实用的解决方案。

（二）基于案例推理的应急物资需求预测方法

鉴于应急物资需求预测的独特需求，引入了人工智能中的案例推理（Case-Based Reasoning, CBR）技术来提高预测的效率和精度。此方法融合了案例推理与规则推理的优势，有效结合了显式规则和隐式案例知识，从而构建了一个基于案例推理的应急物资需求预测模型。这种模型不仅提升了预测的科学性，也增强了预测结果的适用性和可靠性。

1. 案例推理技术简介

案例推理的理念最早由 Roger Schank 在其 1982 年出版的书 *DynamicMemory* 中提出，并由他的学生进一步应用和发展。案例推理是一种从已知案例（旧案例）到新情况（新问题）的类比推理方法。从认知过程的角度看，它是一种基于经验记忆的推理方法，用以指导并解决问题。案例推理在知识表达困难或因果关系难以明确的领域，如医疗诊断、法律咨询、工程设计或故障诊断等，都已经得到了广泛的应用。

在思维科学中，人类的思维主要表现为形象思维、逻辑思维和创造性思维三种形式。形象思维，包括直觉、顿悟和灵感，是研究人类思维的一个关键突破点。案例推理正是这三种思维方式的综合体现，有助于我们理解人类思维机制，并符合人的认知心理特征。例如，在面对新问题时，专家往往不仅看到问题本身，还会通过联想将其与过去的经验联系起来，然后进行分类，从中提取处理类似问题的策略，并稍作调整以适应新的情况。这种过程通常不需要复杂的规则推理，这也是专家快速解决问题的原因之一。

案例推理是一种基于直觉的思维方式，其基本前提是相似的问题通常有相似的解决方案。在问题解决过程中，人们首先利用形象思维获取案例的部分信息，然后通过联想到过去的相似经验，激发出解决新问题的方法。在复杂的决策环境中，这种方法允许问题逐步细化，认识不断深入，问题分析和解决是一个交互迭代的过程。案例推理通过匹配方法寻找与当前问题相似的案例，其理论基础是相似性原理。

2. 基于案例推理的物资需求预测方法

在智能化应急物资需求预测中，案例表示一系列可导致特定结果的属性和特征集合。完整的案例涵盖了问题定义、解决方案和决策支持的各个阶段，包含三个主要部分：事件描述、应对措施描述和物资需求说明。

（1）案例的组织和表达。案例的组织是将事件的类型、强度、规模、环境、人口密度和经济状况等描述为起始条件；紧接着是应对措施的详细描述，包括目标、方法和过程；最后是物资需求的具体信息，如需求量、质量和结构。这种表达方式类似知识库，为后续的检索和匹配提供了规范化的结构，每个案例由多个属性构成，整个案例库则形成了一个类似关系型数据库的结构，便于信息的组织和访问。

（2）物资需求案例的模糊推理过程。结合模糊推理和案例推理技术，应急物资需求的预测方法首先对案例进行模糊化处理，明确新预测方案中各特征因素的隶属度，构建问题描述的模糊集合。案例库中的现有案例也按特征因素建立隶属度，形成模糊集。这允许计算新预测方案与案例库中案例的相似度，进行模糊匹配，以识别与新环境条件下最相似的现有案例。通过比较新预测结果与匹配案例的差异，并结合专业知识进行修正，适应当前突发事件的特点，得出针对特定环境下的应急物资需求预测方案。最终，新的预测结果作为案例加入案例库中，为未来决策提供参考。

第二节　应急物资的采购管理

应急物资的采购管理是确保快速和有效响应紧急情况的关键环节。在灾害和突发公共事件中，从物资的及时采购到正确分配，每一步都必须严格管理以保证响应的时效性和效率。此外，应急物资采购不仅涉及物资的质量和数量，还包括合法性、成本效益和供应链的稳定性等多个方面。因此，研究应急物资的采购管理对于提高公共安全管理的质量和效率至关重要，尤其是在提升灾难响应能力和降低因管理不善带来的风险方面。

一、应急物资采购概述

应急物资采购是关键活动，旨在有效应对自然灾害、公共卫生危机等紧急情况。这一过程的质量保证关键在于供应商的精准选择、全面评估、有效合作及严格监督。应急物资采购具备以下显著特点。

（一）紧迫性

应急物资采购直接关联到国家安全及人民生命财产的保护，要求采购过程不仅迅速而且高效。例如，在汶川地震紧急情况下，国家对于从临时住房到卫生口罩的采购立下了严格的质量标准和高效的执行要求，确保救援物资能够在最短时间内到达需要的地方。

（二）采购与供应的独特性

在紧急情况下，常规的采购策略如集体采购或成本联盟往往不可行，此时采购部门需要独立操作。此外，由于应急物资供应商通常具有较大的多样性，这增加了采购过程的复杂性，需要采购方有能力处理来自多个供应商的信息并做出快速决策。

（三）采购方法的创新性与规范化

面对紧急情况的压力，选择恰当的采购方式至关重要。随着《中华人民共和国政府采购法》和《中华人民共和国招标投标法》等相关法规的完善，这些规范要求采购活动不仅要迅速完成，还需遵守法律框架，保证过程的合法性与透明度。因此，创新的采购方法必须在快速响应和严格规范之间找到平衡点，以避免因程序延误而影响紧急响应效率。

这些特点要求相关部门和机构不仅要在法规和政策框架内操作，还必须创新思维和策略，确保能够在灾害发生时迅速且有效地提供必要的支持。同时，政府与企业之间需要建立稳定而长远的合作关系，确保在紧急情况下物资能够快速且高效地被调配和使用。

因此，政府和企业需建立长期合作机制，恪守公开、公平、公正的采购原则，并通过公开招标的方式确保应急物资的质量和供应。此外，政府应对应急物资需求进行周期性分析，制订科学的采购计划，与供应商建立稳定的合作关系，以保证物资能够快速且高质量地供应。

二、应急物资实物储备的供应商选择

在应急物资库存管理中，物资通常被分类为关键物资、重要物资、普通物资和瓶颈物资。针对这些不同的物资类别，必须采用相应的供应商管理策略。对于关键物资和重要物资，应该与供应商建立稳定的长期合作关系以确保供应连续性；对普通物资，则可以采用多目标优化策略，综合考虑交货时间、质量和成本效益，以实现最佳的采购结果；对于瓶颈物资，应特别关注供应的及时性，避免因供应延误影响整体应急响应效率。以下将重点讨论普通应急物资的实物储备采购中，如何有效选择供应商的问题。

（一）供应商选择的关键影响因素

在应急物资管理中，选择正确的供应商至关重要，以确保在灾难和紧急情况下迅速和有效的响应。以下是评估供应商时需要考虑的三个主要因素。

1. 交货准时性

在应急物流中，交货的准时性是评估供应商最关键的标准之一。及时交货对于防止自然灾害或突发事件后果恶化至关重要。如果供应商不能保证在规定的时间内交付物资，那么整个应急响应过程就可能会受到严重影响，因此，供应商必须能够证明他们能够在紧急情况下迅速有效地交付所需物资。

2. 质量水平

应急物资的质量对于确保救援行动的成功至关重要。优质的物资能够提高救援效率，减少在高压环境下的失败风险。因此，在选择供应商时，必须严格审查其产品的质量。这包括评估供应商的质量控制程序、历史性能以及产品的一致性和可靠性。确保供应商能够持续提供符合最高标准的产品，是供应商评估过程中不可或缺的一部分。

3. 采购成本

尽管质量和准时交付是主要考虑因素，但成本效益同样重要，特别是在涉及大规模采购时。合理的成本可以确保在有限的预算内获得最大的物资支持，从而提高应急响应的整体效率。因此，评估供应商的过程中还需要考虑物资的价格、运输难度和可能的长期维护成本。

综上所述，选择合适的供应商需要考虑多方面因素，确保在紧急情况下能够提供及时、高质量且成本效益高的物资支持。这不仅涉及成本和质量，还包括供应商的响应速度和可靠性，这些因素共同决定了供应商是否能够满足应急物资采购的特殊需求。

此外，供应商的技术能力、供应能力、服务质量、信誉以及地理位置等也是在特定情况下需要考虑的因素。这些因素共同影响着供应商的综合评价和选择。

（二）多目标决策选择供应商的模型

针对普通应急物资的采购情况，即综合考虑交货准时性、质量、采购成本等因素，采用多目标最优化策略。

目标函数：

$$minZ = (Z_1, Z_2, Z_3)$$

$$\text{S. t.}$$

$$Z_1 = \sum_{i=1}^{m} \sum_{j=1}^{n} Q_{ij}X_{ij}$$

$$Z_2 = \sum_{i=1}^{m} \sum_{j=1}^{n} R_{ij}X_{ij}$$

$$Z_3 = \sum_{i=1}^{m} \sum_{j=1}^{n} P_{ij}X_{ij}$$

$$\sum_{i=1}^{m} X_{ij} \geqslant D_j$$

$$X_{ij} \leqslant min(o_{ij}^{u}, C_{ij}^{u})V_i$$

$$X_{ij} \geqslant max(o_{ij}^{1}, C_{ij}^{1})V_i$$

$$\sum_{i=1}^{m} V_i = P, V_i \in (0, 1), i = 1, 2, \cdots, m$$

其中：

Q_{ij} 表示从第 i 个供应商采购第 j 种物资的未按时交货率;

R_{ij} 表示从第 i 个供应商采购第 j 种物资的不合格率;

P_{ij} 表示从第 i 个供应商采购第 j 种物资的成本;

决策变量 X_{ij} 表示从第 i 个供应商采购第 j 种物资的数量;

D_j 表示应急时期内物资 j 的总需求量;

o_{ij}^1 表示供应商 i 的应急物资 j 的最大订单量;

c_{ij}^1 表示供应商 i 的应急物资 j 的最大产能;

C_{ij}^1 表示供应商 i 的应急物资 j 的最小订单;

g 表示供应商 i 的应急物资 j 的最小成交量;

$V_i = 1$, 表示选择供应商 i; $V_i = 0$ 表示不选择供应商 i;

$X_{ij} \geq 0$, $i = 1, 2, \cdots, m$; $j = 1, 2, \cdots, n$。

(三) 模型的解法

在处理多目标最小化问题时,关键方法是构建一个综合评价函数,该函数能够将多个目标合成一个单一的数值目标。常用的方法之一是线性加权和法,它通过为每个目标赋予一个权重系数来实现。这些权重系数代表了各个目标在整个问题中的相对重要性。将这些加权目标相加后,形成一个综合评价函数。通过最小化该评价函数,可以获得一个数值解,这个解即是原始多目标最小化问题的最优解决方案。这种方法不仅简化了问题处理过程,而且通过适当调整权重,能够灵活地反映决策者对不同目标的偏好,从而找到最符合实际需求的解决方案。

三、应急物资采购的供应商管理

供应商管理在应急物资采购的供应链管理中扮演着基础而关键的角色。这涉及对应急物资供应商及其信息的有效管理和利用。应急采购的特性要求综合管理供应商的现状、历史表现、供应物资、沟通方式、合同执行、资金流向、合作关系及相关业务决策。由于应急采购通常在非常规情况下进行,相关的资金流、信息流和物流均存在风险。作为物流起点、资金流起始点和信息流终点的供应商,建立一个高效的管理机制是至关重要的,它不仅可以提高应急采购的效率,还能帮助减少潜在的风险。

(一) 建立良好的供应商管理机制的必要性

供应商管理涵盖了对供应商的认知、选拔、培养、运用和监管等方面的全面管理活动，旨在创建一个稳固可信的供应商团队，以确保物资供应部门的需求得到满足。在应急物资采购中，建立高效的供应商管理体系具有以下三个主要优势：

1. 快速选择合适的供应商

在应急情况下，采购部门面临着必须迅速作出决策的压力。传统供应商评估程序涵盖了广泛的生产能力和绩效指标，其评估通常需要相对较长的时间来完成。然而，由于应急采购的本质紧迫性和突发性，这一过程需要大幅缩短，使得采购能在几小时甚至更短时间内完成。因此，构建一个高效且可靠的供应商管理系统显得尤为重要。这样的系统应当能快速识别并评估供应商是否能满足"5R 原则"，即适价（Right Price），确保成本效益；适质（Right Quality），保证物资质量符合救援要求；适时（Right Time），物资能够及时到达；适量（Right Quantity），供应的物资量能满足需求；适地（Right Place），物资能够被送达至需求地点。这些标准极大地简化了评估流程，帮助采购部门在紧急情况下快速准确地选择出最合适的供应商。通过这种方式，可以有效地缩短决策时间，从而更好地响应突发事件，确保应急响应的效率和效果。

2. 构建长期稳定的合作伙伴关系

在应急采购中，建立长期稳定的合作伙伴关系是至关重要的。这种关系基于相互信任，能极大地提高应急响应的效率。采购部门通常会从现有的供应商数据库中筛选出那些已经证明能满足快速响应和高质量标准的供应商。通过与这些供应商建立长期的合作关系，双方可以在非紧急时期共同进行市场趋势分析、需求预测和资源规划，从而在突发事件发生时迅速动员资源。

持续的供应商管理可以帮助采购部门深入了解供应商的生产能力、技术水平和交货可靠性，这对于优化采购策略和提前解决可能的供应问题非常关键。长期的合作关系还能促进供应链各方面的透明度，增强协同效应，使得应急物资的质量和供应的可靠性得到保障。

此外，稳定的供应商关系使得采购部门能够从事后控制转向事中控制，即在物资供应过程中实时监控和调整，而不是在物资已经到达之后才进行质量和数量的核查。这种转变不仅提高了应急物资的管理效率，还大大减少了因供应问题导致的资源浪费和响应延误，从而确保了在紧急情况下能够及时有效地满足需求。通过这些措施，长期合作伙伴关系成为应急采购中降低成本、提高响应速度和确保物资质量的关键因素。

3. 提高对需求变化的响应能力

在现代市场环境中，需求变化迅速且难以预测，应急采购对供应商的生产能力和采购部门的采购能力提出了更高的要求。在短采购周期内，供应商的敏捷能力变得至关重要。为了应对这种挑战，通过有效的供应链管理，使链上各节点专注于自身的核心竞争力，可以快速适应需求变化。例如，供应商应具备灵活调配和控制资源的能力，能够迅速调整生产计划和物流安排，以满足突如其来的需求变化。同时，采购部门则应充分发挥其采购职能的优势，迅速识别和选择最合适的供应商，确保紧急采购的顺利进行。

此外，建立和维持有效的供应商管理系统也是提高响应能力的关键。通过与供应商建立紧密的合作关系，采购方可以更好地了解供应商的生产能力和资源情况，提前预判潜在的供应风险并采取相应的应对措施。这种高效互动关系不仅有助于提高供应商对需求变化的反应速度，还能增强供应链整体的弹性和抗风险能力。

具体措施包括：建立定期沟通机制，与供应商保持信息畅通；搭建供应商绩效评估体系，持续监控供应商的表现；开展联合培训和改进项目，提高供应链各环节的协同效率。通过这些方法，可以显著提高整个供应链对需求变化的响应能力，确保企业在激烈的市场竞争中保持优势地位。

（二）应急采购供应商管理的主要职能

1. 确定应急采购供应商管理的目标和组织战略

鉴于应急采购的特殊性，制定策略时需重视与供应商建立互利的合作关系。应急采购通常涉及紧急和不可预见的需求，供应商必须具备灵活性和迅速响应的能力。为此，企业需要打造一个能够最小化风险的供应结构，以确保在紧急情况下供应链的稳定和高效运作。

首先，企业应通过严格的筛选和评估程序，选择那些具备稳定生产能力、优质产品和服务记录的供应商，建立长期合作关系。这种长期合作不仅有助于降低采购成本，还能通过持续的合作提高产品和服务的质量。此外，与供应商的长期合作关系能够增强信任，促进双方的信息共享和协同工作，从而提高应急响应能力。

其次，企业还应积极开发潜在供应商，以确保在应急情况下能够迅速扩展供应网络。这可以通过市场调研、行业展会和供应商推荐等多种途径进行。在开发潜在供应商的过程中，企业应关注其应急响应能力和灵活性，确保他们在突发需求时能够提供卓越服务。

最后，企业应制定清晰的应急采购策略和流程，包括紧急采购的触发条件、供应商的选择标准、采购流程的简化和审批权限的下放等。通过建立标准化和制度化的应急采购流程，确保在紧急情况下能够迅速、有效地完成采购任务。

总之，确定应急采购供应商管理的目标和组织战略需要综合考虑供应商的选择、合作关系的建立和潜在供应商的开发。通过科学合理的战略规划，企业可以在面对突发需求时，确保供应链的稳定和高效运行，从而实现应急采购的目标。

2. 设定管理组织架构并合理分配人力资源

在应急采购中，设定合理的管理组织架构并合理分配人力资源是确保采购活动高效运行的关键。这一过程要求明确各部门和个人的职责、权限以及责任，形成一个清晰的组织结构，从而实现应急响应的迅速和有效。

首先，应建立一个专门负责应急采购的部门，该部门应配备有经验丰富的采购专家和危机管理专家，他们熟悉快速采购流程和应急响应机制。在此基础上，进一步细分具体职能，如供应商关系管理、质量控制、物流协调等，确保每个环节都能得到专业的处理。

其次，为了提高效率和反应速度，应急采购部门应与其他关键部门如财务、法务和物流部门紧密合作，形成跨部门的应急响应团队。这种跨部门合作能够确保在紧急情况下快速作出决策，并有效调配资源。

再次，应定期对应急采购团队进行培训，包括危机响应训练、合同法规训练以及供应链风险管理培训，以增强团队的应对能力和灵活性。通过这样的人力资源配置和培训，不仅可以提升团队成员的专业技能，还可以增强团队的凝聚力和协同作用。

最后，应设立监控机制，实时跟踪采购进度和供应商表现以及时调整策略和处理可能出现的问题。通过这种动态管理，可以确保应急物资采购活动在高压和变化不定的环境中仍能保持高效和精确。这种组织架构的设置和人力资源的合理分配，最终将促进应急采购任务的顺利完成，有效支持紧急响应需求。

3. 建立团队并进行有效供应商管理

在应急采购中，建立一个高效的团队并进行有效的供应商管理是确保迅速响应和高质量供应的关键。管理组织在这个过程中起着至关重要的领导作用，通过运用法定权限和影响力来引导供应商行为，确保他们的操作符合组织的总体目标。

首先，应建立一个专门的团队来负责供应商管理，这个团队应包括采购、质量保证和供应链管理等方面的专业人员。这个团队的主要任务是评估和选择合适的供应商，监督供应商的合同履行情况，并与供应商建立稳定的沟通机制，以便在应急情况下能快速协调和解决问题。

其次，通过实施激励和奖励机制来提高供应商的积极性。这可以包括为供应商提供及时的反馈、表彰优秀供应商、提供额外的业务机会或财务奖励等。这些措施能够激励供应商不仅遵守合同要求，而且在质量和交付时间上超出期望。

再次，应优化工作条件，确保供应商能在一个有利的环境中操作。这包括确保供应商有足够的资源和信息来满足采购需求，例如通过提供技术支持和市场信息，帮助供应商改进其生产流程和提高供应链效率。

最后，强化供应商责任感和使命感也非常重要。通过定期的会议、工作坊和培训，增强供应商对应急响应的理解和承诺，让他们明白自己在应急供应链中的关键角色，以及他们的表现如何直接影响救援效率和效果。

通过这些策略，可以确保供应商团队不仅充满热情，而且能负责任地完成每一项采购任务，从而有效支持应急物资的采购和供应需求。

4. 评估管理执行情况并控制资源

有效的供应商控制对管理组织按计划执行任务至关重要。在应急采购过程中，及时检查和评估任务的实际执行情况是确保成功的关键步骤。通过系统化的评估机制，可以及时发现执行过程中的偏差，深入分析其原因，并采取相应的纠正措施，从而确保采购任务能够按计划进行或根据实际情况作出适当调整。

首先，建立一套全面的评估指标体系，包括采购任务的完成时间、成本控制、质量标准以及供应商的响应速度等。这些指标应明确具体，以便于量化评估和跟踪。通过定期监测这些指标，可以及时获取有关采购执行情况的详细信息，从而对任务的进展进行全面评估。

其次，利用现代信息技术手段，确保评估过程的高效性和准确性。例如，可以引入供应链管理系统或采购管理软件，实时记录和分析采购活动的数据。这些系统能够自动生成报表，提供偏差信息，并进行原因分析，帮助管理人员快速了解任务执行中的问题，并及时采取相应的纠正措施。

再次，建立反馈机制也是评估管理执行情况的重要环节。通过与供应商保持密切沟通，及时获取他们在执行过程中的反馈意见，了解潜在的问题和挑战。这种双向沟通不仅有助于发现问题，还能增强与供应商的合作关系，提高他们的积极性和配合度。

在发现偏差后，分析其原因是采取有效纠正措施的基础。偏差可能来源于多种因素，如供应商的生产问题、物流障碍或内部管理缺陷。通过系统化的原因分析，找到问题的根本原因，并制订具体的解决方案，确保类似问题不会再次发生。

最后，针对评估过程中发现的偏差和问题，及时采取有效的纠正措施。例如，调整供应商的生产计划、优化物流流程、加强内部协调等。通过迅速应对和调整，确保采购任务能够按计划完成，或者根据实际情况作出适当调整，最大限度地减少对整体供应链的影响。

总之，通过全面的评估管理和有效的资源控制，企业可以确保应急采购任务的顺利执行。重点关注执行标准明确、及时获取偏差信息以及采取有效的纠正措施，可以显著提高应急采购的成功率，确保在紧急情况下供应链的稳定和高效运作。

（三）加强应急物资采购供应商管理的措施

在应急物流领域，信息交流与共享的重要性不容忽视。在传统的采购活动中，由于信息不对称，采购方与供应商之间的博弈往往导致"赢者灾难"，即供应商为了赢得供应权而遭受损失。这种状况在应急采购中尤为不利，因此，建立合作伙伴关系，促进信息互动与沟通成为当务之急。

1. 促进信息交流与共享

在应急采购中，信息的透明度和共享对于建立信任和减少不确定性至关重要。为了降低双方的不信任并减少投机行为，应采取以下措施：

（1）定期交换关于成本、作业规划和质量控制的信息，确保信息的及时性和准确性。

（2）增加供应商和采购方的互访频率，及时解决合作过程中的问题和困难，建立良好的合作关系。

（3）利用电子数据交换和互联网技术实现快速的数据传输，提高信息流通效率。

2. 加强监督控制

由于应急采购的高要求、急任务和短时间特性，加强对供应商的监督控制对于防止管理混乱和提高采购效益至关重要。以下是一些加强监督控制的建议：

（1）实施选择制度，确保供应商选择的透明性和合理性。

（2）建立评价制度，定期对供应商的业绩进行量化评估，为行为考核和监督提供依据。

（3）制定标准化作业手册，规范供应流程，为供应商提供明确的行动指南，并实现全程监控。

（4）建立通报制度，确保应急采购过程中的信息及时互动，以维护供应活动的有序进行。

通过这些措施，可以有效地管理应急采购的供应商，确保供应链的稳定性和效率，从而满足应急物流的高标准要求。

3. 精简和优化供应商名单

应急采购的针对性要求采购部门全面评估潜在供应商的情况，并在效率和质量之间寻求平衡。选择合适的供应商应考虑以下因素：

（1）优先考虑已有供应商数据库中的企业，以减少评估和选择的时间。

（2）优先选择能够最大限度减少配送时间的供应商，确保物资及时到达。

（3）优先选择具有技术领先性、质量稳定性及充足货源的大型企业或国有企业。

构建多层次的供应商网络，逐步减少供应商数量，以提高选择效率和降低成本。尽管供应商数量减少有助于加强合作，但应根据采购需求和80/20原则（80%的物资由20%的供应商提供）来确定合适的供应商数量。通过建立战略伙伴关系，与关键供应商建立稳定可靠的作业环境。

应急物资采购是整个应急物资保障体系的基础，其效率和质量直接影响应急物流目标的实现。应急物资采购应确保及时性、成本效益、品种多样性和适量性。

选择和管理好供应商对于应急采购的成功至关重要。这不仅关系项目的成败和效果，也直接影响应急采购目标的实现。建立一个有效的供应商管理机制，有助于在应急采购中提升效率并规避风险。通过这些措施，可以确保应急物流的高效运作，为应对各种紧急情况提供坚实的物资支持。

第三节　应急物资的库存管理策略

应急物资的储存是应急物流系统中的一个关键环节，对系统的响应速度和整体效率有着直接影响。保持一定量的安全保障物资储备，可以显著缩短从灾害发生到救援完成的时间间隔，降低采购和运输的需求，从而降低相关成本。然而，这种储备策略也可能导致大量资金被占用，增加成本，减缓资金流动速度，并可能导致物资积压和浪费。

为了优化应急物资的储存管理，可以将现代物流管理中的库存控制方法应用于应急物资的管理。这些方法有助于科学地确定储备规模，有效地实施库存控制，确保在紧急情况下能够迅速、高效地调配物资，同时避免资源浪费和资金的过度占用。通过合理的库存管理，可以提高应急物流系统的整体运作效率，更好地应对各种紧急情况。

一、库存管理的目标及现阶段库存控制的不足

在现代物流管理中，库存管理是对库存进行计划、协调和控制的工作，旨在降低库存成本和提高服务水平。库存管理包括仓库管理、物资管理和库存成本管理等方面。

应急物资的储存，如地震灾害物资，品种繁多、配件数量大，通常需要大量专业机械设备。此外，炸药、燃油等消耗品的需求量也很大。由于受灾环境、地质条件和地理位置的影响，许多配件容易损坏，因此，需要储存大量应急物资以备不时之需。应急物资在地震发生后需求急迫，必须在第一时间满足，以最大限度地降低损失。

事故发生后，还需要大量的后续资源，如专业设备、医疗和生活用品等物资，这些通常与其他应急物资一起储存、保管，需要时再调用。然而，当前的库存管理模式导致应急物资库存普遍过高，其中一部分是长期积压物资，占用了大量流动资金且总额不断增大，增加了财务负担。库存结构调整幅度有限，长线物资仍有较大库存，积压、待报废物资所占比重较高。导致这种情况的原因有以下几点：

（一）库存结构不合理

目前的采购环节繁多、周期较长且程序复杂，导致每次采购的批量增大，进而造成库存量的增加。这不仅使得库存积压，更带来了建设成本和管理成本的增加。采购流程的冗长和复杂性还容易引发延误，进一步加剧了库存管理的难度。为了应对这种情况，有必要简化采购流程，缩短采购周期，优化采购程序，以实现更灵活、更高效的库存管理。

（二）库存管理策略简单化

现行的库存管理策略对各类物资采用统一的库存控制方式，并按照功能进行分类管理，这种方法未能有效反映供应与需求中的不确定性，也缺乏对重点物资的专门管理。结果是，物资管理效率低下，资源浪费严重。优化库存管理策略需要针对不同类型的物资采取差异化的库存控制方法，对关键物资进行重点管理，精细化管理策略以适应实际需求的变化，从而提高整体效率，减少浪费。

（三）库存控制方法不合理

当前计划员和采购员在实际操作中普遍缺乏订货准备成本和持有成本的概念，缺乏系统的库存控制知识。这种知识的欠缺导致他们在制订库存计划时，往往会使周转

库存远远超过合理水平，增加了不必要的库存持有成本和管理压力。为了解决这一问题，有必要加强对计划员和采购员的培训，普及现代库存控制理论和实践，使其具备全面的库存控制知识和技能，从而能够科学合理地控制库存水平，降低成本，提高周转效率。

二、传统与现代库存控制方法

（一）传统库存控制方法

传统库存控制主要包括以下三种方法。

1. 库存 ABC 分类法

这种方法通过将库存物资按品种累计百分数进行分类，将其分为 ABC 三个类别进行管理。A 类物资是价值高但数量少的物资，B 类物资是价值和数量都居中的物资，C 类物资则是价值低但数量多的物资。通过这种分类，可以对不同类别的物资采取不同的管理策略，重点控制 A 类物资，适度管理 B 类物资，而对 C 类物资则简化管理流程。这种方法有助于实现库存物资的有效控制，优化资源配置，提高管理效率。

2. 经济订货量法

这种方法通过分析库存费用（包括订货量、储存费及缺货损失费等因素），求解出最优的订货周期和订货量。具体来说，经济订货量法旨在找到一个平衡点，在这个平衡点上，订货成本和储存成本之和最小，从而实现库存控制的最优化。这种方法可以建立科学的库存控制模型，帮助企业在确保库存充足的前提下，最大限度地降低库存相关费用，实现库存的优化控制。

3. 统计分析法

这种方法通过对各项库存指标进行统计分析和比较，评估一段时间内的库存控制成效。通过收集和分析库存数据，可以发现库存管理中的问题和不足，为今后的库存控制改进提供依据。例如，通过分析库存周转率、缺货率和储存成本等指标，可以评估当前库存策略的有效性，找出改进空间。统计分析法不仅能够帮助企业了解库存管理的现状，还能为未来的库存决策提供数据支持，从而不断优化库存控制策略。

通过应用上述三种传统库存控制方法，企业可以有效地管理库存，降低成本，提高库存周转率，确保供应链的稳定性和高效运作。

（二）现代库存控制方法

现代库存控制主要包括以下四种方法。

1. 多级库存控制管理

这种方法在单级库存控制的基础上，进一步采用多级库存优化与控制方法，以实现供应链全局性优化与控制。多级库存控制管理不仅关注单个节点的库存优化，还注重整个供应链的协调与整合。通过同步各级库存数据，优化库存配置，减少冗余和过剩库存，提高整个供应链的运作效率和响应速度。

2. 供应商管理库存（VMI）

在供应商管理库存模式下，供应商根据下游合作伙伴的销售数据和库存水平制定存货计划。这种方法使供应商能够更好地掌握市场需求预测和库存补货情况，从而提高供应链的整体效率。通过 VMI，供应商与下游伙伴之间的信息共享和紧密合作可以减少库存积压和缺货现象，优化库存管理，提高供需匹配的准确性。

3. 联合库存管理（JMI）

联合库存管理通过供应链上下游各方的共同参与，共同制订库存计划，以消除需求变异放大的现象（牛鞭效应）。JMI 确保供应链相邻节点之间的库存管理者对需求预期保持一致，从而提高库存控制的协同性和准确性。通过这种方法，各方可以共享信息和资源，优化库存水平，减少不必要的库存持有成本和提高供应链的整体效率。

4. 协同、规划、预测与补给（CPFR）

CPFR 方法通过共同管理业务过程和共享信息，改善供应链伙伴之间的关系，提高需求预测的准确性。CPFR 的核心在于协同规划和预测，双方共同制订补给计划，以满足市场需求。通过 CPFR，企业能够降低库存水平，提高库存周转率，减少缺货和积压现象，同时提升消费者满意度。这种方法强调供应链各方的密切合作和信息共享，从而实现更高效的库存管理和整体运营。

通过应用这些现代库存控制方法，企业能够实现更精确的库存管理，降低成本，提高供应链的响应速度和效率，确保在竞争激烈的市场环境中保持优势。

三、应急物资库存分类方法分析

应急物资种类繁多，各种物资的价格和库存数量各不相同。在资源有限的情况下，对所有库存品种进行同等重视和管理是不现实的。为了更有效地利用有限的时间、资金、人力和物力等企业资源，我们需要对库存物资进行分类，并将管理的重点放在关键物资上。根据库存物资的重要程度进行差异化管理是一种有效的方法。

这种分类管理的方法使得企业能够集中资源和精力在最关键的物资上，确保在应急情况下这些关键物资能够得到优先保障。通过识别和区分重要性不同的物资，可以制定更为精细和有针对性的管理策略。例如，对于关键性高、价值高的物资，可以采用更严格的库存控制和监控措施，而对于重要性较低的物资，则可以采用较为宽松的管理方法，从而节省资源。

（一）传统 ABC 分类法

ABC 分类法是企业库存管理中常用的方法，也被称为重点管理法。这种方法通过分析大量复杂的事物或经济现象，找出主次，进行分类和排序，然后根据不同情况分别进行管理。这是一种抓住事物主要矛盾进行定量科学分类管理的有效技术，也是现代企业普遍采用的管理方法。

ABC 分类法根据库存物资占库存总库存资金的比例和占总库存品种数目的比例，将库存物资分为 A、B、C 三个类别。

A 类库存：品种数量较少，但资金占用较大，占库存品种总数的 5%~20%，资金额占资金总额的 60%~70%。

B 类库存：介于 A 类库存和 C 类库存之间，占库存品种总数的 20%~30%，资金额占资金总额的 20% 左右。

C 类库存：品种数量较多，但资金占用较小，占库存品种总数的 60%~70%，资金额占资金总额的 10% 以下。

运用数理统计方法，对物资进行分类和排序，抓住主要矛盾，将研究对象按一定标准分为特别重要的库存（A 类库存）、一般重要的库存（B 类库存）和不重要的库存（C 类库存）三个等级，然后针对不同的级别进行不同的管理和控制。根据三类物资的不同特点，如出库数量、出库周期等，分别采取重点、次要和一般三种不同程度的管理，以达到最经济、最有效地使用人力、物力、财力的目的。

具体来说，对 A 类库存物资应进行严格的管理和控制，确保其供应的及时性和准确性，避免资金过度占用。对于 B 类库存物资，则采取适度管理，确保其在满足需求的同时，不会产生过多的库存积压。而对于 C 类库存物资，可以采用简化管理流程，以减少管理成本。

ABC 分类法操作简单，能够让库存控制做到重点与一般相结合，有利于降低库存和库存投资，加速资金周转。这种方法不仅提高了库存管理的效率，还能够帮助企业更好地利用资源，实现库存管理的优化和改进。

（二）传统 ABC 分类法的应用

当前，我国在 ABC 分析原理和方法方面的研究还不够深入，同时，在将 ABC 分类法应用于应急物资库存管理过程中，灵活性不足，存在一些问题。主要问题包括以下方面：

第一，应急库存物资因其自身特性的差异应区别对待，将全部库存笼统地分为三类，可能无法达到重点管理的效果。实际上，ABC 分类不仅限于三类，还可以有更灵活的分类方法。应急救援所需的物资种类繁多、数量庞大，库存物资可能达到数千种甚至近万种，其中需要重点管理的物资有几百种。因此，可以在 ABC 各类进一步分层，在大类下面再分小类，以提高分类管理的准确性。此外，根据实际库存品种结构，还可以采取三类以下或以上的分类方法，如分成 5 类或 10 类，以更精准地反映库存管理的需求。

第二，传统的 ABC 分类法只考虑了"占总库存资金的比例"和"占总库存品种数目的比例"这两个统计指标，无法综合反映应急库存物资的重要程度。这种方法没有考虑其他影响因素，不能很好地反映库存物资的相对重要程度，限制了其应用效果。仅以物资价值为基础进行分类，无法反映物资需求的紧迫性和市场结构。在应急库存中，需要重点管理的物资不一定是资金占用比例大的品种。单纯按这一标准进行分类，可能忽视某些关键物资的管理需求。例如，某些物资虽然价值较低，但在市场上属于短缺物资，在应急物资采购中应被优先考虑。

这些问题对应急物资供应管理策略的制定有很大影响。例如，某一物资价值不高，按 ABC 分类法只能算作 C 类物资，但在市场上属于短缺物资，应在应急物资采购中给予优先地位；而有些物资虽然价值高、需求量大，但在市场上容易获得，可以利用社会库存，采购周期短，因此可以采用较简单的管理方法，以节约成本。如果不考虑物资的采购难易程度及可替代性等问题，可能会将一些重要但难以替代的物资划为非重点管理对象。在复杂情况下，单靠 ABC 分类法难以得出准确的分类结果，这是其严重弊端所在。

因此，对应急物资的分类管理不能仅依赖一个标准，而应将多种因素综合考虑进去。只有这样，才能在合理分类的基础上对其进行有效管理，提高应急物资管理的整体效率和响应能力。

（三）应急物资库存分类法的改进思路

应急物资库存分类比普通库存物资更为复杂，因此需要对传统的 ABC 分类法进行改进。改进的关键是增加新的分类标准，这些标准应充分考虑不同事故发生后对不同物资的需求特点。例如，矿区易发生矿难，应重点储备救生器材、消防设备等工具，石料、装土编织袋等物资也属于重点控制的 A 类物资，同时应增加救灾帐篷和医疗器械的储备量。这是一种动态的过程。依据物资的重要性以及供应市场复杂性的程度，可以将物资分为关键物资、瓶颈物资、重要物资和普通物资四种类型。

1. 关键物资

这类物资的特点是应急需求量相对较大，且本身价值昂贵，其质量的好坏对应急救援会产生重大影响。同时，能够提供这种物资的合格供应商数量相对较少。基于这些特点，对于关键物资的供应管理必须致力于与质量可靠的供应商建立长期的、战略伙伴式的关系，使供应商也能得到应有的好处，以此为供应商的长期高质量合作提供驱动力。在具体的管理策略上，由于这种物资本身价格昂贵、库存占用资金大，必须进行详细的调查和需求预测，并尽可能进行严格的库存控制。

2. 瓶颈物资

这类物资的基本特点是获取难度较大。例如，难以找到合格的供应商；与供应商的距离较远且缺乏可靠的运输保障；属于专利产品，供应商占优势地位等。对于这种物资的供应商，应该根据情况采取灵活的策略，例如，对供应物资质量有问题的供应商，致力于帮助他们改进；对于占优势地位的供应商，致力于建立稳定的合作关系等。在采购和库存策略上，需要考虑设置较高的安全库存，并采用较大的订购批量。

3. 重要物资

这类物资的基本特点是供应市场比较充足，但其本身价格昂贵、库存占用资金大。因此，从资金占用的角度来看，这种物资的基本管理策略应致力于使总成本最小化。为此，需要在库存管理上多下功夫，尽量减少库存量。

4. 普通物资

这类物资的基本特点是小件物资，本身价值不高，市场上也容易获得，但这类物资种类繁多，能占企业全部采购库存种类的一半以上。因此，对于这类物资，基本管理策略应致力于使管理成本最小化。在库存管理上，应该采用经济批量等优化方法，并尽量利用信息技术等手段简化管理程序，提高业务效率。

总之，物资分类是为了更好地管理。在对物资进行分类后，可以针对不同物资分别管理，采用不同的采购和库存策略来降低成本，提高经济效益，这是最终的目的。由于市场的变化，对物资的评价标准也在不断变化，这是一种动态的过程，避免了以前管理中单纯僵化地用 ABC 分类法来管理的不足。这样的灵活掌握，可以不断地降低库存和采购成本。在以上分类方法中，许多指标是定性的，在对物资的评价过程中会发现一些困难，如果每种物资都按这些方法评价，工作量将特别大。因此，有必要研究新的分类方法，下面将采用模糊评价方法对应急物资分类策略进行研究。

四、基于模糊评价的应急物资分类策略

（一）应急物资评价指标研究

物资等级分类是制定采购和库存控制策略的基础。要提高采购和库存控制水平，必须建立一套科学合理的分类评价指标体系。一个复杂的评价体系必然是多层次的，并具有良好的扩展性。在制定评价体系时，难点在于如何评定某些非结构化因素，如采购难易度、物资重要性等。因此，在制定评价体系时，要坚持客观、公正的原则，体现定性指标和定量指标相结合的方针。

1. 应急物资的分类方法

根据上述原则，结合应急救援物资分类中存在的问题，提出一套适合应急物资的分类方法。该方法将从物资的重要性、物资的成本、供应难易程度、供应商服务等多个指标进行评价。具体的分类方法如下。

（1）物资重要性。评估物资在应急情况下的关键性。关键物资对救援成效有直接影响，需要优先储备和管理。

（2）物资成本。考虑物资的采购成本和库存持有成本，确保高成本物资的管理策略能最大限度地降低资金占用。

（3）供应难易程度。评估物资的市场供应情况，包括供应商数量、地理位置、运输难度等，以确保在紧急情况下能够快速获得所需物资。

（4）供应商服务。考虑供应商的服务质量、响应速度、可靠性等因素，确保供应链的稳定性和灵活性。

在制定评价体系时，将上述各项指标进行综合评价，形成一个多层次的分类结构。

例如，可以采用加权评分法，对每个指标进行评分，然后根据综合得分对物资进行分类。这种方法既考虑了定量因素，也涵盖了定性因素，能够全面、科学地评估物资的重要性和管理优先级。

通过这套科学合理的分类评价指标体系，企业可以更有效地制定采购和库存控制策略，优化资源配置，提高应急物资管理的整体水平。图3-1展示了根据上述原则建立的应急物资评价指标体系。

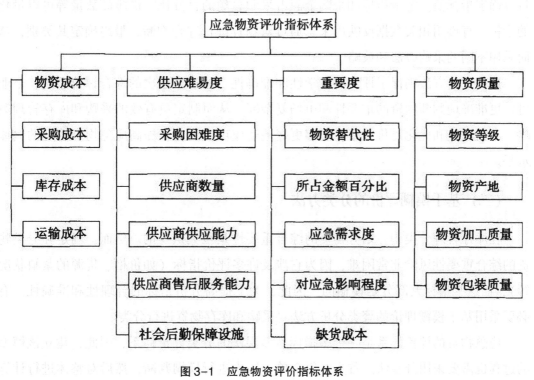

图3-1　应急物资评价指标体系

2. 物资评价方法

物资的重要性和市场评价主要依赖采购人员的判断，具有一定的主观性。因此，采用定性与定量相结合的方法是必要的，其中层次分析法是常用的评估方法。在评价物资的重要性和市场复杂度时，可以采用模糊评价方法，以更全面地评判物资的重要性和市场供应复杂度。在进行物资评价时，主要应考虑以下两个方面。

（1）物资重要度。主要参考采购金额占采购总额的百分比、物资短缺对应急救灾造成的损失等指标。

（2）供应市场复杂性。主要参考产品的可替代性、供应商数量、供应商可靠性、储备方对该物资的物流控制能力等指标。

根据不同的事故特征，可以对不同的应急物资适当增加或减少评价指标。此外，随着市场变化，物资供应情况也可能发生变化，因此，应不断调整评价策略。具体分析时，许多指标下还有更细的分指标，实际上构成了一个多层次的模糊综合评价系统。在评价过程中，首先对每种物资的重要度和供应市场复杂度分别进行评价，然后综合评价某物资所属的类别。

图 3-1 中的指标体系包括定性和定量指标。定性指标采用模糊评价方法，由专家打分确定指标值。定量指标如采购金额占采购总额的百分比、供应商数量等可以量化的指标，直接用相关数据反映出来。通过对物资进行综合判断，最终确定其类别，从而采用不同的采购方法和策略。

这种评价方法确保了评估的科学性和准确性。通过多层次的综合评价系统，企业可以更准确地判断物资的重要性和市场复杂度，从而制定更有效的采购和库存管理策略。不断调整和优化评价策略，能够更好地适应市场变化，提高应急物资管理的整体水平。

（二）基于模糊评价的分类方法

在库存管理分类中，划分物资的综合重要性是至关重要的。然而，确定和分类物资的综合重要性风险非常困难，因为它涉及许多评价指标（如价格、货源的紧缺状况等），而这些指标大部分是模糊的。因此，为了提高分析指标的合理性和准确性，有必要采用基于模糊理论的聚类分析方法对采购和库存物资进行分类。

应急物资的评价体系是一个多指标、多层次的分类评价体系，因此，建立该模型的过程也需要采用分步法。首先对每个单一因素进行模糊判断，然后对整体进行计算和讨论。通过这种方法，可以更准确地反映物资的重要性和风险水平，确保分类的科学性和有效性。

这种基于模糊理论的聚类分析方法能够处理多种模糊因素，提供一个更灵活和精确的分类标准，从而提高库存管理的效果。具体步骤包括以下方面。

（1）单因素模糊判断。针对每个评价指标，如物资价格、货源紧缺状况等，进行模糊判断。通过专家打分或历史数据分析，确定每个指标的模糊隶属度。

（2）多因素综合评价。将所有单因素的模糊判断结果进行综合分析，采用模糊聚类算法，将物资分类为不同的风险和重要性等级。

（3）模型计算和讨论。对多因素综合评价结果进行计算和讨论，确保分类结果的合理性和准确性。必要时进行调整和优化，以提高分类的有效性。

通过这种分步法，能够更全面地考虑各个评价指标的影响，避免传统分类方法的局限性，实现更科学、更精确的库存管理。这样不仅提高了应急物资管理的效率，还能更好地应对实际需求变化，确保在紧急情况下物资的及时和有效供应。

1. 单因素评判

采用加权法建立子决策矩阵，对单因素进行评判。

设给定两个有限论域：

$$U = \{U_1, U_2, \cdots, U_n\}$$
$$V = \{V_1, V_2, \cdots, V_n\}$$

其中 U 代表单因素的综合评价子因素，V 代表分类等级。由矩阵 U 和矩阵 V 可以构成评价矩阵 Y。其中的数值是企业根据其评价指标对各分类物资进行评价后的结果，有定量的结果（如价格），也有定性的结果（如物资的可替代性、质量等）。

$$Y = \begin{matrix} & V_1 & V_2 & \cdots & V_n \\ U_1 & Y_{11} & Y_{12} & \cdots & Y_{1m} \\ U_2 & Y_{21} & Y_{22} & \cdots & Y_{2m} \\ \vdots & \vdots & \vdots & \ddots & \vdots \\ U_n & Y_{n1} & Y_{n2} & \cdots & Y_{nm} \end{matrix}$$

显然，各个单因素的子因素影响度有所不同，假设某子因素的影响度为 Al，那么由重要度构成的矩阵称为权重矩阵：

$$A = [\lambda_1 \lambda_2 \cdots \lambda_n]$$

权数满足一体化要求，即 $\lambda_1 + \lambda_2 + \cdots \lambda_n = 1$

将矩阵 A 和矩阵 Y 相乘，即可得到该单因素的判定结果阵：

$$K = A \times Y = [\lambda_1 \lambda_2 \cdots \lambda_n] \times \begin{bmatrix} Y_{11} & \cdots & Y_{1m} \\ \vdots & \ddots & \vdots \\ Y_{n1} & \cdots & Y_{nm} \end{bmatrix} = [K_1 K_2 \cdots K_m]$$

最后把要判定的结果阵进行归一化处理，

令：

$$j_x = k_x / (k_1 + k_2 + \cdots + k_m)$$

则得到最终的判定结果阵：

$$J = [j_1 j_2 \cdots j_m]$$

2. 多因素综合判断

重复与单因素类似的步骤，对于每个判定单因素都如第一步所示之方法，得到一

个判定结果阵 J_i（假定综合评价体系第一层的单因素数目是所有判定结果阵 J_i 构成一个决策阵：

$$M = \begin{pmatrix} J_1 \\ J_2 \\ \vdots \\ J_n \end{pmatrix} \begin{pmatrix} j_{11} & j_{12} & \cdots & j_{1m} \\ j_{21} & j_{22} & \cdots & j_{2m} \\ \vdots & \vdots & \ddots & \vdots \\ j_{n1} & j_{n2} & \cdots & j_{nm} \end{pmatrix}$$

其单因素权重系数矩阵：

$$B = [\eta_1 \eta_2 \cdots \eta_i]$$

将矩阵和 M 相乘，即可得到该物资的判定结果阵：

$$N = B \times M = [\lambda_1 \lambda_2 \cdots \lambda_n] \times \begin{bmatrix} j_{11} & \cdots & j_{1m} \\ \vdots & \ddots & \vdots \\ j_{n1} & \cdots & j_{nm} \end{bmatrix} = [l_1 l_2 \cdots l_m]$$

将 N 进行归一化处理，得到矩阵：

$$S = [s_1 s_2 \cdots s_m]$$

为了利于比较，将等级分类的各个等级由低到高分别赋值，这样构成等级矩阵：

$$T = \begin{bmatrix} t_1 \\ t_2 \\ \vdots \\ t_m \end{bmatrix}$$

通过等级矩阵就能凸显矩阵中高评价元素，同时也弱化了低评价元素在 Q 值中的比例，最后得到物资的综合评定值。

$$Q = S \times T = \sum_{i=1}^{m} s_i t_i$$

Q 值的大小标志着该物资的综合评定值，客观反映了物资的重要程度，根据值的大小来决定是否对该物资进行重点管理。

五、应急物资库存控制模型

应急物资的库存储备是为了特定目的而设立，但它必须遵循经济原则，因此经济性是储备管理的一个重要考量。虽然大规模库存能够提高灾害响应的保障能力，但在灾害未发生时，过量储备会导致资金占用过多，并增加存储成本。长期储存的物资可能会因自然损耗、老化或性能退化而减少可用性，这可能构成隐性的浪费。因此，灾害物资储备的经济性要求在满足备灾需求的同时，避免浪费。

为了确保物资流通的连续性和均衡性，在不同环节储备适量物资是必要的。在满足救灾实际需求的基础上，设定经济合理的物资储备量至关重要。通过分析大量可靠的历史统计数据，可以对应急储备问题进行概括和抽象，构建数学模型并进行优化，以支持明智的物资库存决策。

（一）模型假设

在应急物流领域，我们通常会从各种具体的物资形态中提取出通用的模型，以便于分析和规划。这些模型的建立基于一些关键假设，包括以下方面。

（1）同步消耗。假设各种物资的消耗是同步进行的，即不同类型的物资在同一时间内具有相似的消耗速率。

（2）连续补充。物资的消耗和补充是一个连续的过程，且这个过程是逐渐进行的，以确保物资水平的持续性。

（3）均等概率。自然灾害在不同地区发生的概率是均等的，这意味着每个地区都有可能遭受灾害，且灾害的潜在影响是相似的。

（4）固定复发周期。假设突发事件在短时间内具有固定的平均复发周期，这有助于我们预测和准备应对可能的灾害。

这些假设有助于我们建立模型，以便更好地理解和规划应急物资的储备和管理，确保在灾害发生时能够有效地响应。

（二）模型建立

在构建应急物资库存模型时，必须兼顾物资储备的经济效益与应急救灾物资的独特需求。应急物资的库存通常划分为两个级别：一级是常规库存，也称保险储备，用于保障日常的应急响应需求；另一级是非常规库存，也称机动储备，用于应对突发灾害，其储备量和存放位置可以根据实际需求灵活调整。

常规库存的管理遵循线性方程，其库存量通常保持相对稳定。由于小型突发事件发生频率较高，应急物资需全年保持供应，以应对各地区的轻微灾害和小规模突发事件。因此，建立一个有效的补充和更新机制至关重要。对于灾害频发区域，应维持较高的常规库存水平，以确保在这些地区发生灾害时能够迅速响应。

机动储备是以时间为周期，以上下限波动的函数进行管理。其中，T 是灾害的平均再现周期，代表机动储备的最大值。这部分储备主要应对重大灾害，通常集中存储在灾害多发地区较少的几个点。

这个模型通过数学方程描述了机动储备在时间上的波动情况，帮助规划在不同时间点上的库存需求。通过结合常规库存和机动储备的管理策略，能够更有效地保障应急物资的供应，确保在各类灾害发生时能够迅速、有效地进行响应。

模型方程为：

$$Q_k = A, \quad Q_m = f(t)$$

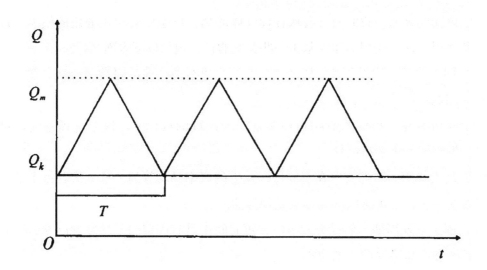

机动储备呈现波动性的主要原因有以下几点：

（1）较大灾害发生概率低。由于较大灾害的发生概率较低，因此没有必要建立大规模的固定储备。

（2）经济性要求。库存管理的基本理论强调储备的经济性，波动性库存能更好地体现这一原则。

（3）成本效益。波动性库存能够优化资源配置，减少不必要的资金占用，从而提高经济效益。

（4）库存更新和补充机制。波动性库存有助于建立有效的库存更新和补充机制，确保物资的及时补充和更新。

（5）物资保值增值。保持库存的波动性有助于使库存物资保持其价值，并可能增值，从而减少因长期储存带来的损耗和贬值风险。

其中 A 为无量纲常数，$f(t)$ 可以表示为：

$$f(t) = \begin{cases} \dfrac{2(Q_m - Q_k)}{T}t - 2nQ_m + (2n+1)Q_k & nT \leq t \leq nT + T/2 \\[3mm] -\dfrac{2(Q_m - Q_k)}{T}t + 2(n+1)Q_m - (2n+1)Q_k & nT + T/2 \leq t \leq (n+1)T \end{cases}$$

式中 n 为周期数，则有：

$$Q_k = A$$

$$Q_k = \begin{cases} \dfrac{2(Q_m - Q_k)}{T}t - 2nQ_m + (2n+1)A & nT \leq t \leq nT + T/2 \\[3mm] -\dfrac{2(Q_m - Q_k)}{T}t + 2(n+1)Q_m - (2n+1)A & nT + T/2 \leq t \leq (n+1)T \end{cases}$$

为了简化，只讨论一个灾害周期内的方程，即得到物资库存模型方程：

$$Q_k = A$$

$$Q_{m1} = \begin{cases} \dfrac{2(Q_m - Q_k)}{T}t + A & T \leq t \leq T + T/2 \\[3mm] -\dfrac{2(Q_m - Q_k)}{T}t + 2Q_m - A & T/2 \leq t \leq T \end{cases}$$

（三）突发事件发生的不确定性对模型的改进

突发事件的发生具有很强的偶然性和突发性，当自然灾害在一个灾害重现周期内提前发生或未发生时，那么物资库存也应随之作相应的变动。

当物资库存达到最大值 Q_m 后，时间内储备的物资消耗殆尽，那么，若出现较大灾害，物资消耗激增，在很短的下一个灾害重现周期内，物资的补充仍按原库存量和库存期限进行补充，其过程如图 3-2 所示。图中实线为理想化的物资库存、消耗模型。在 t_1 时间发生突发性较大灾害，物资在 t_1 到 t_2 时间段消耗过多，则救助工作完成之后，物资的补充应按图中虚线所示缓慢进行。在 t_3 时间达到 Q_m，开始为下一突发事件的到来做物资储备。

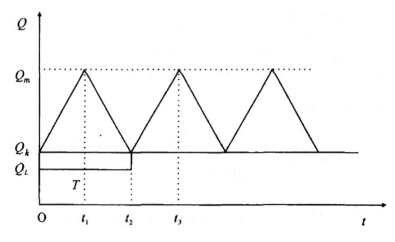

图 3-2　灾害发生情况下的应急物资储备消耗

当物资的库存量达到最大值 Q_m 之后的一段时间内未发生突发事件，那么应急物资应采取租、转、卖等方式慢慢消耗，消耗量不可过大，并且到下一周期的峰值位置时应保证物资的更新和补充充足，如图 3-3 所示。此刻物资库存达到最大值 Q_m，在 t_0 到 t_1 时间段未发生突发事件，则为更新和增值，物资可做缓慢的少量消耗，到达一定程度或到达一定期限时，物资就要进行必要的补充，到时应补充至应有的数量 Q_m。

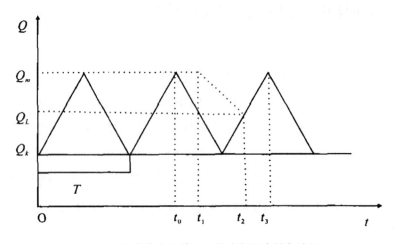

图 3-3　灾害未发生情况下的应急物资储备消耗

若库存量还没有达到值 Q_m 时就发生较大的突发事件或自然灾害，可动用所有的常规库存和机动储备用于抗灾救灾，必要时还可以调动上一级储备用以援助。

第四章　应急物流系统

第一节　应急物流系统的概述

一、应急物流系统的概念

（一）应急物流系统的定义

在系统论中，系统通常是相对于外部环境而言的。外部环境为系统提供劳力、手段、资源、能量和信息等，称为"输入"。系统通过其特定功能对这些"输入"进行转换处理，使其成为有用的产品供外部环境使用，这被称为系统的输出。输入、处理和输出构成了系统的三大基本要素。

由于资源有限、需求不确定、外部影响多变等因素，外部环境对系统产生约束或影响，这些因素被称为系统的干扰。此外，系统的输出结果可能偏离预期目标，因此需要将输出结果的信息反馈给输入，以便调整和修正系统的活动，这称为系统的反馈。

在物流学科中，物流系统是指在一定时间和空间内，由需要移动的物资、包装设备、装卸搬运机械、运输工具、仓储设施、人员和通信联系等相互制约的动态要素构成的具有特定功能的有机整体。

应急物流系统是普通物流系统的一个特例，用于应对突发事件。应急物流系统是指为了满足突发性的物流需求，由各个物流元素、物流环节、物流实体组成的相互联系、相互协调、相互作用的有机整体。

根据系统论的内容和应急物流系统的发展过程，我们可以将应急物流系统定义为：在应急系统统一目标协调指挥下，由相互作用和相互依赖的物流实体要素组成的，具有应急物流服务功能的有机整体，而这个整体又是更大应急系统的组成部分。应急物流系统的目的是实现应急系统的目标，主要是为应急系统提供物流综合保障，以最大化应急物流运作的时间效益并最小化受灾系统的损失，提升社会效益。

应急物流系统的主体系统是指供应渠道的起点（如应急物资供应点、储备仓库等）和终点（如应急物资需求点、受灾点等）的联系者，在整个应急物流系统活动过程中起着主导和决定性的作用。具体是指直接参与或专门从事应急物流的组织，包括突发事件地的应急指挥机构、应急物资的储备及生产供给单位和储运企业等。在我国，应急物流系统主体系统主要是指民政部门、卫生部门、国家防汛抗旱总指挥部及红十字会等机构，也包括地方应急指挥组织，如各省的防汛抗旱指挥部。

应急物流系统的客体系统即物流对象，是一切在物流主体之间定向循环运动的物质实体，包括应急救援活动所需的各类应急医疗物资、生活必需品和应急处置装备等。应急物流系统的客体系统往往由所面对的灾害自身的特性决定。

应急物流系统的载体系统是保证应急物流活动有序、协调进行的基础条件，包括应急信息网、应急运输网（由公路、铁路、民航等相对较快的运输方式构成，可在常规运输网络的基础上构建）和各级人民政府建立的应急物资、生活必需品和应急处置装备储备仓库等基础设施和条件（如我国设立的多个中央级救灾物资储备库）。

（二）应急物流系统的七个要素

普通物流系统的构成要素主要包括六个方面：流体、载体、流向、流速、流量和流程。这些要素共同作用，使普通物流系统既注重效率，也关注效益。然而，应急物流系统由于其特殊的需求和紧迫性，还需要包含一个独特的要素——时间。

（1）流体。是指在物流系统中流动的物资，如应急物资、医疗设备和生活必需品等。

（2）载体。是指承载和运输应急物资的工具和设备，如运输车辆、飞机、船舶等。

（3）流向。是指应急物资从供应点到需求点的移动路径和方向，确保物资能够快速到达受灾地区。

（4）流速。是指应急物资在物流链中移动的速度，这是应急物流效率的关键指标之一。

（5）流量。是指单位时间内通过物流系统的物资数量，需根据灾情和需求进行合理调配。

（6）流程。是指应急物流各环节的操作步骤和管理流程，包括采购、储存、运输和配送等环节，确保物流活动有序进行。

应急物流的突发性特点，即应急物流需求发生的时间具有极大的不确定性和紧迫性，决定了在应急物流系统中"时间"是一个重要的系统要素。因此，应急物流系统在以上六个要素的基础上增加了第七个要素—时间

（7）时间。它是应急物流中最关键的要素。由于应急物流的时间约束非常紧迫，响应时间直接影响救援效果。因此，时间要素要求应急物流系统能够在最短的时间内完成应急物资的调度和配送，从而最大限度地减少灾害造成的损失。

总结而言，应急物流系统的七个要素包括流体、载体、流向、流速、流量、流程和时间。时间要素的引入，使应急物流系统能够更好地应对突发事件的需求，提高应急响应的速度和效率，确保在紧急情况下能够迅速而有效地进行救援物资的调配和运输。

（三）应急物流系统的特点

应急物流系统的特点决定了其系统与一般的企业内部物流系统或供应链物流系统存在以下几个显著的不同。

1. 应急物流系统的快速反应能力

应急物流的突发性和随机性要求应急物流系统具备快速反应能力。这种系统必须能够在突发事件发生后迅速启动，具有一次性和临时性的特点。这与一般的企业内部物流或供应链物流系统的经常性、稳定性和循环性形成鲜明对比。快速反应能力是应急物流系统的核心特性，决定了它在紧急情况下能否及时、高效地运作，最大限度地减少灾害带来的损失。

2. 应急物流系统的开放性和可扩展性

由于应急物流需求的随机性和不确定性，应急物流系统在设计上必须具有开放性和可扩展性。在突发事件发生前，应急物流需求和供给都是不确定的，这要求系统能够在事件发生后迅速扩展和调整，将所需资源和供应纳入系统中。开放性确保了系统能够接纳和整合来自不同渠道和来源的资源，而可扩展性则保证了系统能够根据实际需求进行动态调整和扩展，以应对各种突发状况。

3. 应急物流系统的灵活性和适应性

应急物流系统需要具备高度的灵活性和适应性，以应对不同类型和规模的突发事件。这意味着系统必须能够迅速调整物流计划和策略，优化资源配置，并在最短时间内实现物资的调度和运输。灵活性和适应性使得应急物流系统能够在复杂和变化的环

境中保持高效运作，确保救援物资能够及时到达需要的地方。

4. 应急物流系统的协同与整合

应急物流系统需要在短时间内实现多方协同与整合，包括政府部门、非政府组织、企业和社区等多方参与者。协同和整合的能力决定了应急物流系统能否有效地协调各方资源，避免重复建设和资源浪费，从而提高整体应急响应效率。通过信息共享和合作，各方可以共同制订和执行应急物流计划，确保物资供应的连续性和有效性。

5. 应急物流系统的可靠性和安全性

在应急情况下，物流系统的可靠性和安全性至关重要。系统必须能够在极端条件下保持稳定运作，确保物资运输的安全性和准确性。这包括对运输工具、仓储设施和物流人员的严格管理和保障措施，以防止在紧急情况下发生次生灾害或其他意外情况。

综上所述，应急物流系统的快速反应能力、开放性和可扩展性、灵活性和适应性、协同与整合以及可靠性和安全性，构成了其区别于一般物流系统的主要特点。这些特点确保应急物流系统能够在突发事件中高效、稳定地运作，为应急救援提供强有力的保障。

二、应急物流系统的结构

（一）应急物流系统的结构与约束

应急物流系统是一个复杂的系统，为保证其功能和流程的实现，需要每个环节紧密衔接，其基础是科学合理的系统结构。从系统功能的角度来看，应急物流系统可以分为应急指挥机构、应急物流节点和应急物流信息系统等部分。

应急指挥机构主要负责分析应急物资需求、制订应急物流方案、协调保障计划、综合调度和收集物资供需信息等。其任务是确保应急物资能够高效配置和运作，以满足紧急需求。

应急物流节点包括各级政府、物资储备仓库、应急配送中心、救助中心和救助点。它们的职责涵盖采购管理、仓储管理、运输管理、配送管理和回收管理等，确保物流链条的各个环节顺畅运行。

应急物流信息系统贯穿所有物流环节，负责存储应急资源、实时动态监控、应急业务处理、辅助管理决策和维护基础数据库等。信息系统的高效运作是应急物流系统成功的关键，确保所有环节的信息流畅通和及时更新。

应急物流系统在快速响应能力、系统开放性和可扩展性等方面与一般的企业物流、社会物流或供应链物流系统有所不同。从系统工程的角度出发，应急物流系统应具备以下五个约束：

（1）信息约束。突发事件发生后的短时间内，系统无法全面掌握所有相关信息，导致预测和决策出现误差。必须快速收集和处理信息，以尽量减少误差。

（2）时间约束。应急物流系统需要在规定的时间内实现系统目标，具有较强的时间紧迫性。时间管理是确保物资及时到达的关键。

（3）系统资源约束。应急物资和应急资金的有限性限制了系统的运行，必须进行有效的资源分配和管理，以确保关键物资的供应。

（4）运输能力约束。根据系统目标和各类应急物资的紧急等级，分配适当的运输工具（如飞机、汽车、火车、轮船等）。运输能力的限制要求合理调配和使用运输工具。

（5）运输基础设施约束。突发事件可能对公路、铁路、港口、通信、电力等基础设施造成破坏，限制应急物流活动的正常进行。因此，需要迅速评估基础设施状况，制定替代运输方案。

（二）应急物流系统的核心目标

应急物流系统的核心目标是在最短时间内以最低成本获取所需的应急物资，并使用适当的运输工具将物资在适当的时间运送到适当的需求地。应急物资保障是系统的核心环节，关系突发事件应对工作的成败。

应急物资的及时快速到达是有效应对突发事件的重要保障。没有应急物资的投入，应急物流系统和整个应急活动往往是"无源之水，无本之木"。因此，对应急物流中应急物资的分配研究成为应急物流研究领域的重要内容。

（三）研究重点

（1）物资分配策略。研究如何在有限的资源下最优分配应急物资，最大化地取得应急响应的效果。

（2）优化运输路径。在基础设施受损的情况下，寻找最快、最安全的运输路径，确保物资及时到达。

（3）动态调整机制。建立动态调整机制，根据现场情况变化及时调整物资供应和运输计划。

通过深入研究这些方面，可以提高应急物流系统的整体效率和响应能力，确保在紧急情况下能够高效运作，为灾害救援提供有力支持。

三、应急物流系统研究现状

近年来，应急物流与人道主义供应链管理的研究已经成为国际管理科学与运作管理领域的热点。从研究方法的角度来看，可以将其分为定性研究和以定量分析和数学建模为基础的研究。目前，应急物流系统的研究主要集中在以下几个方面。

（一）应急物流系统的组织结构及保障机制

这部分研究主要关注应急物流系统的组织结构和各组成部分的职能，探讨如何从体制上保障应急物资和应急资源能够快速、及时、准确地到达需求点。通过优化组织结构和建立高效的保障机制，确保在突发事件中应急物流系统的高效运作。

（二）应急物流管理信息系统

该研究领域主要集中在应急管理信息系统的构建上，包括应急预警系统、应急指挥决策支持系统等。通过构建完善的信息系统，实现应急物流各个环节的高效、快速、低成本运作，提高应急响应能力和决策效率。

（三）应急服务设施选址/配置

应急服务设施的选址和配置是研究的重点之一。将选址和配置与应急物流背景相结合，使其内涵和外延都得到了扩展，成为学者关注的热点。他们针对不同情况提出了大量的算法和模型，以优化应急设施的布局和资源配置，提高应急物流的响应速度和效率。

（四）应急资源调度

这部分研究属于应急事件发生后的应急物流系统运作的主要内容，包括应急车辆路径问题和应急物资分配问题等。应急车辆路径问题最早由 Dantzig 和 Ramser 在 1959年提出，目前的研究多考虑灾害对通行路径的影响，如时间和可靠性等因素。未来，应急物流中的车辆路径优化将更多地考虑灾情对通行时间和可靠性的干扰，研究的核心在于构建更符合实际运作的优化模型，设计快速高效的优化算法。

综上所述，当前的应急物流研究在组织结构、信息系统、设施选址和资源调度等方面取得了显著进展。未来的研究将更加注重实际应用中的复杂性和动态变化，致力于开发更精确、更高效的模型和算法，以进一步提升应急物流系统的响应能力和效率。

第二节 应急物流系统的设计

一、应急物流系统设计的指导原则

结合应急物流的特性，应急物流系统设计需要遵循特定的原则，确保系统的有效性和应对紧急状况的能力。

（一）结合事前预防与事后应对

鉴于应急物流需求的突发性和选择性，应急物流系统的设计需要同时考虑事前预防和事后应对。建立全面的信息系统和数据仓库，专门用于管理应急物资和运输工具，是提高应急物流在紧急事件发生时效率的关键。此类信息系统应具备全国覆盖能力，以便在紧急事件发生时能迅速、有效地进行资源调配和运输安排。事前预防主要涉及风险评估、资源预分配、预案制订等，而事后应对则侧重于快速动员、资源调配和恢复机制。通过这种双向策略，应急物流系统可以灵活应对各种突发状况，确保对影响范围和后果的最小化。

（二）强调时间效率

应急物流的突发性、流量波动和不平衡性，以及紧迫的时间限制，要求在设计应急物流系统时优先考虑时间效率，而非单纯的经济效益。系统设计应涵盖应急物资的快速采购机制和高效运输机制。此外，对运输工具的运载能力、路线规划和运送方案进行优化是至关重要的，以确保提供最优化的应急响应方案。应急物流系统设计还应集成先进技术如全球定位系统（GPS）和地理信息系统（GIS），以便对整个运输过程进行实时监控和调度。这些技术不仅提高了资源配置的精准性，也大幅提升了对运输环节的实时响应能力，确保救援物资能够迅速、准确地送达目的地。

通过整合这些先进技术和系统设计原则，应急物流可以在紧急情况下实现快速反应，从而最大限度地减少灾害和紧急事件对人民生活和财产的影响。此外，这种系统设计还有助于提高整个社会对未来潜在危机的适应能力，增强整体的韧性。

（三）市场机制与行政机制、法律机制并存

应急物流是在突发自然灾害、事故灾难、公共卫生事件和社会安全事件等情况下，为了保障人民的生命安全和财产安全，迅速、有效地调配和运输所需的物资、设备和人员而进行的物流活动。应急物流的设计必须结合市场机制、行政机制和法律机制的运作，以确保在应对突发事件时，能够迅速、有效地进行物资调配和运输。例如，在2019年台风"利奇马"袭击我国期间，政府部门和物流企业迅速行动，确保了受灾地区的救援物资和生活物资供应，有效保障了受灾群众的生命安全和基本生活。

总之，应急物流是在突发性事件中为了保障人民生命安全和财产安全而进行的一种特殊物流活动。它具有突发性、紧急性、大规模、非营利性、政府主导和社会公共性等特点。通过发展应急物流，我国在应对突发事件方面的能力得到了显著提升，为维护社会稳定和人民生命安全发挥了重要作用。

二、应急物流体系的关键组成部分

在我国，一个高效的应急物流体系主要由以下四个核心子系统构成：应急物流指挥子系统、应急物流保障子系统、应急物流信息子系统和应急物资供应子系统。

（一）应急物流指挥子系统

应急物流指挥子系统是一个综合性的体系，它结合了政府机构、专业人员和信息系统设备等要素。该系统的核心作用是在自然灾害、公共卫生事件、社会安全时间等突发事件发生时，确保应急物资的合理、高效和顺畅运输与配送，从而最大限度地减少突发事件带来的损害和损失。在构建应急物流指挥系统时，各级政府应根据本地实际情况，结合政府架构和物流运作流程，整合国家、军队、地方等多个行业性和专业性机构，实现资源的统一配置和关系的协调。从国家到地方，应有序建立应急物流系统的运作所需的机构框架、部门职责、人员构成和工作流程等。应急物流指挥中心是该系统的核心，主要由军队、信息中心、物资主管部门和运输保障部门组成。

统一的应急物流指挥系统具有以下优势。

（1）提高反应速度：通过统一体系。可以最大限度地缩短中间环节，节省时间，提高应急反应速度。

（2）增强透明度和监管。统一接收、采购和分发捐赠的物资和款项，有助于防止

腐败，便于监管和审计，增加透明度。

（3）降低成本。统一的采购可以获得规模采购的优势，从而降低应急成本。

（4）优化资源利用。统一的配送可以提高配载率，充分利用运输能力和物流配送中心的潜能，降低配送成本。

（5）优化物资布局。统一的管理有助于规划全国应急物资布局，灾害发生时能够就近调运物资。

（6）平衡供需。构建统一的信息发布平台，有助于避免出现供需不平衡的现象。

（7）规范化管理：应急物流体系的统一指挥有利于国家通过立法确定相应的组织权利、责任和操作流程，实现灾后应急物流的标准化、制度化和常态化管理。

这种统一和综合的应急物流指挥系统能够在关键时刻发挥其最大的效能，为应对各种突发公共事件提供坚实的后盾。

（二）应急物流保障子系统

应急物流保障子系统涵盖了法律保障、人才保障和应急预案保障等多个方面，每一个都是确保应急响应效率和效果的关键。

1. 法律保障

建立一个全面的应急物流保障法规体系是确保现代化应急物流系统有效性的基本要求。这一体系必须包括全方位的地方应急动员法规，涉及海陆空运输力量的应急动员以及地区物流资源的动员，明确规定动员的具体时机、责任权利、实施的详细程度和补偿标准。此外，这一体系还涵盖了与应急物流保障力量建设相关的法规和条令条例，包括但不限于物资的分配、资源的调度以及危机期间的响应措施，这些都是确保在紧急情况下所有行动均依法进行的重要组成部分。通过这种综合的法规体系，不仅可以增强应急物流系统的可靠性，还可以显著提高系统的响应速度和效率，从而在关键时刻发挥至关重要的作用。

2. 人才保障

应急物流保障的复杂性和技术性要求对保障人员进行专业培训，以提高他们的综合素质和应对紧急情况的能力。这包括加强针对性的实战演练，如在突发事件高发地区进行不定期演习，以增强应对实际情况的能力。此外，改进训练方法也是关键，通过开发应急物流保障模拟训练系统和探索虚拟现实模拟训练，可以为保障人员提供更加真实的培训环境。同时，持续的教育和技能更新确保应急物流人员能够掌握并应用最新的技术和方法，保持他们的专业能力与时俱进，从而在关键时刻能够迅速有效地进行资源调配和危机管理。这些措施共同作用，旨在构建一个响应迅速、高效能的应急物流团队。

3. 应急预案保障

应急预案是应急物流保障的基石，关键在于确保应急工作的顺畅执行。一个有效的应急预案应包括：明确的组织指挥机构，确保领导层和责任链清晰可追溯；各类人员的详细筹备和分工，确保每个成员都明确自己的角色和应急响应中的具体职责；步骤和必要措施的清单，详尽地规划从通信到动员再到部署的每一个环节；制定有序且符合预定计划的应急保障程序。对于包含全局性和潜在重大危害的事件，应急预案还应邀请领域专家参与，并确保通过上级政府的审批，这样做不仅增强了预案的实用性和专业性，也确保了其在法律和行政层面的正当性和执行力。这样全面而详尽的预案制订是确保在紧急情况下能迅速有效地行动，最大限度地减轻灾难影响的关键。

这些组成部分共同构成了应急物流保障子系统的框架，使之能够在突发事件中迅速、有效地调配和运输所需的物资、设备和人员。通过这些措施，可以极大地提高应急物流系统在灾害和危机情况下的响应能力和效率。

（三）应急物流信息子系统

应急物流信息子系统是整个应急物流系统的核心，是数据存储和信息交流的关键平台。此子系统包括通信平台、信息平台和电子商务技术平台。通信平台支持电话、无线通信、传真和可视电话系统等，为应急物流信息的流通提供了必要的技术支持。信息平台则负责信息的传播、交流和反馈，包括灾害处理方案和措施的发布等。一个高效的信息系统能够提供关于灾害情况、物资储存和生产、运输资源的准确及时信息，帮助应急物流作出决策，同时缩短响应时间。

应急物流信息系统应包含信息采集、分析和决策三个级别的信息处理，并将各级应急物流中心和保障单位连通，准确收集所需的基础数据并持续更新数据库。在建设应急物流信息系统的过程中，应特别关注以下两个方面：

（1）基础信息建设。这包括建立高效的物流信息网络，依托公共信息平台建立综合指挥网、运输信息网、仓储信息网等；推动信息标准化，统一物资编码、规范文件传输格式；以及建立和完善基础数据库，收录关于道路、企业、人才等的详细数据，并实时更新。

（2）应急物流模型设计。应急物流体系结构模型的制定对于信息系统的设计和实现至关重要，也促进了物流配送算法的实现。通过集成 GIS（地理信息系统）、GPS（全球定位系统）和 WEB 技术与其他现代物流管理技术，可以实现物流信息资源的共享和提高物流配送效率。GIS 提供地理信息和动态信息，有助于物流配送算法的实施；GPS 通过卫星进行定位计算，可以确定物流货物的具体位置、速度等信息。

通过这些措施，应急物流信息子系统可以极大地提高应急响应的效率和精确性，确保在紧急情况下能够快速有效地进行资源调配和危机管理。

（四）应急物资供应子系统

应急物资供应子系统是负责应急物资的筹措、组织运输和配送的关键组件，直到物资成功送达灾民手中。利用供应链管理的理念，结合先进技术和现代管理手段，该子系统实现了应急物流的集成、整体运作和管理。它强调整合、协调和快速反应，对应急物资的筹措、仓储、运输和配送进行科学组织。

（1）应急物流筹措子系统。应急物资的筹措主要包括应急采购及库存物资的调拨、动员、征用和社会捐赠等。应急采购是针对战争、自然灾害或其他紧急情况下的特殊采购方式，侧重于货源渠道的快速接入和大量资源的获取。它包括单一来源采购、询价采购、竞争性谈判采购和招标采购等形式，根据需要确定采购的品种、数量和时间限制。

（2）应急物资仓储子系统。关键在于仓库的布局、数量、容量、物资种类，以及长期和中期储备量的科学配置。应用企业库存控制方法，科学确定应急物资的储备规模，并实施库存控制。应急物资的分类管理通过 ABC 分类法进行，以降低成本并提高经济效益。同时，优化仓库选址和布局，最大化仓库空间的利用效率。

（3）应急物流运输子系统。在突发事件爆发后，所需的运输工具依赖临时征用。该子系统提供公路、铁路、航空、水运等多种运输方式，整合现有的社会资源，实现军民物流一体化。通过加强应急演练和实时监控应急物资运输全过程，确保掌握最新动态。同时，加强交通运输基础设施的建设，以缩短应急物资的运输时间。

（4）应急物资配送子系统。在突发事件预警和爆发后，临时在事件地点及其周边地区建立物资中转站。该子系统负责救援物资的收集、储存、转运及末端分发，同时收集灾区的物资需求信息。配送中心设在交通便利的地点，并具备可扩展性，负责可重复利用物资的回收和清理。通过这些配送中心，提高社会捐赠物资的救援效率，避免无效救援活动的发生。

第三节 应急供应链系统的构建

现代供应链管理正在迅速发展，并逐渐成为社会广泛关注的重点领域。特别是从近年来对突发事件的应对过程中，我们明显看到了应急供应链在面对危机时的脆弱性和物资保障上的不足。这些挑战迫使我们深入思考并寻求解决应急供应链管理中存在的问题。加强应急供应链管理不仅是推动应急产业发展的关键，也是提升应急保障能力和减少供应链整体成本的有效手段。

一、应急供应链管理的内涵

首先，让我们探讨应急供应链及其管理的概念，并了解应急供应链管理的主要目标。

（一）应急供应链的概念

应急供应链可以从狭义和广义两个角度来定义。狭义上，应急供应链主要聚焦于应急物资的供应流程，涵盖从研发、生产、筹措、运输、储备、包装到维护保养和配送等多个环节，连接各级应急物资供应部门及相关单位，形成一个完整的功能网链结构。广义上，应急供应链以应急物资的综合保障为核心，从源头单位出发，通过所有保障环节，将各种应急资源交付给最终用户，形成一个全面的功能网链结构。应急供应链本质上是一个围绕共同应急目标而形成的虚拟组织，不仅包括应急物流活动，还涵盖资金流、信息流和业务流等。

（二）应急供应链管理的概念

应急供应链管理是对整个应急供应链及其成员单位的系统管理，广泛应用现代信息技术。它涉及应急供应链及其成员单位的全要素、全过程管理，超越了单一的应急物资供应管理、应急配送管理或应急物流管理，包含这些管理范畴的交叉和整合。应急供应链管理将构成链条的各实体视为一个系统整体，并把应急供应链上的业务环节视为一个连续的功能过程。通过信息集成、横向集成和纵向集成，应急供应链管理优化配置各类应急资源，以构建一个一体化的应急供应链，从而提高整体的应急响应效率。

（三）应急供应链管理的主要目标

应急供应链管理的主要目标是通过科学管理，从系统和全局的角度出发，建立各成员单位间的紧密协作关系，以最大限度地减少内耗和浪费，追求整体保障效率的最优化。具体目标涉及以下几个关键方面。

（1）最终保障对象服务最优化。此目标的核心是在保持高服务水平的同时尽量降低成本，确保通过最小化的总费用达到服务的最优化。这要求不仅在危急时刻快速响应，而且在日常运营中保持资源的高效利用，从而使整个应急供应链能够在不牺牲服务质量的前提下运作。

（2）应急供应链总储备适度化。"零库存"可能是一般供应链管理的理想状态，但在应急管理中，一定规模的储备是必要的，以应对突发事件。储备的适度化不仅关系到成本控制，也是确保快速反应能力的关键。通过科学的库存管理和预测模型，可以实现资源的最优配置，确保在需求突增时快速部署。

（3）总周期时间最短化。在应急供应链管理中，时间就是生命。缩短从需求提出到满意交货的总周期时间至关重要，可以通过改进流程、增强供应链协作和利用先进的信息技术来实现。这有助于提高整个供应链的响应速度和操作效率，是衡量应急供应链是否成功的重要标准。

（4）应急保障质量最优化。在应急供应链中，保障质量的提高直接影响到生命安全和救援效果。高标准的质量控制系统确保提供给最终用户的应急物资无质量缺陷，减少故障和重新工作的需要，提升所有业务过程的价值增长。

（5）应急供应链总成本最小化。通过有效整合应急供应链中的筹措、生产、运输和其他相关成本，降低整个链条的运作成本。成本最小化需要跨部门的合作和综合策略规划，以确保在不牺牲服务质量、速度或可靠性的前提下实现成本效益。

总之，这些目标共同作用于提升应急供应链的整体表现，确保在危机情况下能够有效地提供必要的支持和资源。通过集成化管理和系统的思维方式，可以在提高保障质量、缩短周期时间的同时，实现成本和储备的削减，从而在复杂多变的环境中保持应急供应链的弹性和响应能力。

二、应急供应链物流系统的类别

在应急供应链物流系统中，我们通常面临两种基于不同因素的系统扰动，每种都需要特定的策略来应对。

（一）以经济因素为基准的应急供应链物流系统

这类系统的扰动主要源于市场经济环境，如供应、需求和价格的波动，以及信息误差和人为商业失误等。这些因素虽然属于"软环境"因素，不直接影响物流渠道的结构，但可能导致物流资源短缺，从而影响供应链的正常运作。在这种情况下，关键策略是解决物流资源短缺的问题，通过整合和扩展企业的物流资源，提升供应链的应急柔性，以加快市场响应速度。这类应急供应链物流系统更多涉及商业运作的方面，强调市场机制在应对供应链危机中的作用。

（二）以非经济因素为基准的应急供应链物流系统

这种系统面临的扰动通常来源于不可控的外部力量，如自然灾害、政府政策限制、社会突发事件以及物流过程中的事故等，这些因素被视为"硬环境"扰动。这类扰动通常会导致常态下的供应链物流渠道中断，需要临时建立新的应急物流渠道以保障供应链的流畅。应对这类情况的核心在于迅速构建新的物流通道，选择合适的物流节点和线路，确保供应链物流渠道能够在突发事件中高效运转，保障物资及时到达受影响地区。

总之，不论是经济因素还是非经济因素引起的应急情况，应急供应链物流系统都必须具备足够的灵活性和适应性，以确保在各种情况下都能维持供应链的稳定性和效率。

三、应急供应链物流系统的设计

（一）设计应急供应链物流系统的原则

1. 简洁性原则

在供应链设计中，简洁性是确保系统能够迅速响应外部扰动的核心。通过简化供应链的组织结构和业务流程，可以提高决策的效率和响应速度。这种简化不仅减少了决策层级，还有助于实现从生产到分销的全过程精益管理，使供应链更为灵活且高效。

2. 动态性原则

供应链的动态性是通过实时信息共享和增强关键成员间的互动来实现的。这种动态性和透明度的提升有助于减少供应链运作中的不确定性和简化操作流程。实时数据流使得供应链能够及时调整和响应市场变化，从而更好地管理和预测需求。

3. 开放性原则

面对复杂的外部扰动，如自然灾害或市场波动时，原有的供应链配置可能无法有效运作，可能由于资源、能力或时间的限制。因此，设计应急供应链物流系统时需要考虑开放性，通过与更多的供应商、分销商和合作伙伴建立关系，扩展供应链的范围，从而消除或减少这些约束，提高整体的适应性和韧性。

4. 集成性原则

供应链的集成性要求在组织、信息、决策、业务流程和产能等方面实现高度集成，增强整体供应链的协同效应。集成性可以通过集中管理平台来实现，该平台整合所有关键信息，确保所有决策基于全面的数据分析，从而增强供应链运作的紧密性和功能扩展能力。

总的来说，这些设计原则不仅提高了应急供应链的响应能力和效率，也增强了其在面对各种紧急情况时的稳定性和可靠性。通过遵循这些原则，可以确保应急供应链在关键时刻能够有效地支持和响应需求，保障供应链的连续性和功能完整性。

（二）设计基于经济因素的应急供应链物流系统逻辑模型

在经济快速发展的背景下，供应链所面对的市场外部环境的不确定性不断增加，进而提高了供应链运作中断的风险。为了保持供应链的稳定性，增强其柔性成为至关重要的策略。供应链柔性是指供应链成员能够调整运作策略以适应环境变化，并有效减少不确定性。这一目标通过信息共享、组织融合、决策协同、资源整合、关系集成以及核心能力互补等多方面来实现。经济因素导致的供应链物流系统扰动通常涉及软环境因素的突然变化，要求供应链能够通过更细致的流程运行来提高其整体柔性。

基于经济因素的应急供应链物流系统是一个集成化的系统，这个系统在核心企业的应急物流管理中心的指导下，能够迅速适应非常态资源的参与。该系统的建设重点包括以下方面。

第一，应急物流管理中心是供应链的核心，它在三个层面上实现柔性机制，即战略层、战术层和执行层。

战略层柔性涉及战略和资源的柔性。这一层柔性使供应链能够迅速从常态转向应急状态，为下层提供指导。资源柔性是指在更广泛的市场上整合高质量资源以支持供应链的柔性运作。具体策略包括将外部资源供应源分为直接供应源和潜在供应源，并在建立战略伙伴关系时优先考虑这两种资源。此外，还应设置必要的"冗余"资源，以应对可能的供应中断。

战术层柔性包括计划柔性和协调柔性。计划柔性保证了战略柔性的实现，通过灵活的计划支持执行层的资源安排和业务流程的灵活调整。协调柔性则侧重于机制的可变性，能够迅速应对不同的冲突，并采取个性化措施以减少冲突。

执行层柔性主要体现在采购柔性和响应柔性。采购柔性涉及调整价格、数量和采购提前期等，以与上游供应商实现快速协同。响应柔性是指企业内部流程的快速调整能力以及对下游客户需求的快速反应能力。

通过这些层次的柔性策略，供应链能够更好地适应经济快速发展带来的不确定性，保持其操作的连续性和效率。

第二，在供应链管理中，合作伙伴根据其市场竞争力和价值贡献度可以被划分为四种类型，即战略合作伙伴、有影响力的合作伙伴、竞争性合作伙伴和普通合作伙伴。

对于建立常规供应链，核心企业通常将合作伙伴分为两个主要层次：一线合作伙伴和二线合作伙伴。一线合作伙伴是指那些与核心企业存在战略合作关系的伙伴，他们在供应链中发挥着核心作用；而二线合作伙伴则是备选合作伙伴，包括竞争性合作伙伴、有影响力的合作伙伴和普通合作伙伴，主要在一线合作伙伴无法满足需求时提供支持。

为了增强供应链的应急响应能力，二线合作伙伴与核心企业之间通常会签订特定的应急合作协议，形成一种以常规操作为基础、以应急响应为重点的合作机制。这包括合同储备合约、应急采购合约等，旨在替代实物储备。这些合约在预设的紧急条件触发时自动执行，从而简化正常的采购流程，节省时间，并在紧急情况下快速动员资源，实现时间和空间效益的最大化。这种方法不仅提高了供应链的灵活性，还增强了整个链条在面对不确定性时的稳定性和响应能力。

第三，为提高应急响应效率，每个供应链成员企业内部应设立专门的应急物流管理中心。在非常态情况下，这些中心将采用高度集中的决策模式，负责各自环节的应急物流决策。核心企业的应急物流管理中心则担负着整个供应链的应急物流计划、组织、领导和控制职责。这种结构有助于减少决策层级，提高物流响应的速度。

依托这样的管理架构，应急供应链物流系统能够及时从二线合作伙伴那里补充必需的应急物资，确保供应链物流的连续性和稳定性。集中决策和简化的业务流程将显著提高应急物资的转移速度和缩短响应时间。在选定二线合作伙伴的地理位置时，考虑其靠近原材料产地或销售市场将有助于缩短传统物流渠道的长度。这样，在突发事件或市场扰动的环境下，供应链能够通过最短的路径、最快的速度和最小的成本来保障运营物资的及时补充，从而最小化供应链运营中断的风险。这种策略不仅增强了供应链的抗扰动能力，也保证了在紧急情况下的高效运作。

（三）设计基于非经济因素的应急供应链物流系统逻辑模型

面对突发性和不可预见性高的应急供应链物流系统，如自然灾害导致的物流通道中断，恢复传统物流渠道的功能在短时间内通常是不可能的。因此，必须采用新的运输方式、路线或网络节点来应对常态物流渠道的中断。

1. 基于突发性自然灾害的应急供应链物流系统

自然灾害如洪水、冰雪灾害、地震、泥石流和火山喷发等，通常会导致社会常态物流渠道的大范围和长时间中断。面对这类突发事件，构建应急物流通道的难度极大，成本也相对较高。现有研究提出了包括军地资源共享、抢通应急绿色通道、物资空投以及启用国家战略物资储备等应急措施。然而，从企业的微观运营角度来看，这些措施往往在减轻企业经济损失方面提供有限的直接帮助。企业在灾害初期通常不是救援的首要对象，且无法独立实施这些大规模应急措施，只能被动等待政府和其他官方机构恢复常态的社会物流通道。

在当今的经济社会中，时间的价值非常重要，被动等待通常意味着巨大的市场利润和机会的损失。对此，应急供应链物流系统的构建可以采取以下两种模式。

（1）实施"搭桥模式"以规避常态物流渠道的中断

借鉴医学中的"心脏搭桥"技术，即在心脏输血管道阻塞无法疏通时通过手术连接新的血管绕过阻塞部分，同理，当常规物流渠道发生中断时，可以采用"搭桥模式"创建新的物流路径。具体方法包括选定新的物流中转节点或采用立体运输方式来重建物流网络。

应用此模式的前提条件是构建新"桥梁"的成本必须低于其可能带来的总收益，这些收益包括直接经济效益和间接社会效应。在实施过程中，需注意以下两点。

第一，选择新的中转节点时，应优先考虑那些能缩短整体物流时间并支持快速物资转移的位置。可以通过多边市场治理或三方协调的方式，短时间内租用或购买市场上的服务资源，以此实现成本效益的最大化。

第二，关于选择运输方式，应在保证成本效率和时效性的基础上，尽可能采用单一运输方式。例如，若公路、铁路运输受阻，可以考虑航空或水路运输。尽量避免采用多式联运，因为这会增加物流的中转环节并延长总体周转时间，影响效率。

（2）实施"自给模式"以确保离散节点的自给自足运作

"自给模式"是一种特定的局部闭环系统运行方式，通过利用应急库存作为临时供应源来满足封闭节点内的物资需求。这种模式在物流通道由于极端中断而无法与外界连接时尤为重要，此时物资无法进出，因此必须依赖预先储备的应急库存来保证节点在封闭运行期间的正常资源需求。

采用"自给模式"的关键策略包括以下三点。

第一，完善信息预警机制。应对突发应急事件通常可通过观察某些预警信号，如持续的低温或大范围降雨等气候变化。企业应密切关注这些可能影响生产和经营的气候信息，并基于这些信息调整库存策略。在常规安全库存的基础上，应增设额外的应急库存，这部分库存是在达到预警条件后临时增加的。

第二，建立库存应急配给制度。在物流渠道完全中断的情况下，现有的应急库存成为唯一的供应源。因此，应根据需求方的重要程度和价值创造程度进行物资分类，并优先满足关键需求和价值创造幅度较大的需求源，以提高物资的使用效率。

第三，建立潜在供应源关系储备。供应链节点成员应在本地及周边地区寻找潜在的供应源，并与之建立合同关系。这样，一旦发生应急事件，可以立即启用这些预先建立的关系，由本地或周边的供应源迅速提供所需资源。在建立这些潜在供应源关系时，供应链核心企业应利用其强大的企业实力和良好的市场声誉，代表节点成员建立稳固的供应关系。这样，在应急情况下，成员企业可以根据核心企业的指示快速从这些潜在供应源获取必要资源。

2. 基于突发性社会危害事件和疫情的应急供应链物流系统

针对突发性社会危害事件和疫情，应急供应链物流系统的设计需要考虑这些事件对供应链物流渠道的特殊影响，这通常表现为政府的行政管制影响物资的自由流动。为了应对这类事件，并确保供应链的连续性和效率，可以采纳以下策略。

（1）了解和整合政府的应急预案。企业应主动了解政府在突发公共事件中的应急预案，这些预案是政府处理此类事件的行动指南。通过事先了解这些预案，企业可以更好地准备并迅速响应政府的管制措施，避免被动应对，从而提高企业的应急处理效率。

（2）建立物流战略联盟。与当地重要企业建立物流战略联盟，共享或互用物流资源，尤其在常态运作和非常态事件中非常有益。这种联盟不仅能扩展常态时的物流资源，还能在突发事件发生时快速获得"绿色物流通道"的使用权。这对于快速响应政府的突发管制并维持供应链运作具有重要意义。

此外，借鉴"搭桥模式"和"自给模式"可以为应急物流系统提供有效的应对框架。

（1）搭桥模式。在物理渠道连通但因政策管制而受阻时，寻找替代的物流通道或中转节点，迂回绕过政府管制区。

（2）自给模式。在封闭或隔离区域，利用预备的应急库存满足内部需求，直到外部物流恢复通畅。

通过这些策略，企业不仅能提高在社会危害事件和疫情中的物流系统效率，还能通过与其他企业的合作，共同应对供应链中的挑战。这些做法有助于企业在突发事件中保持运作，并最大限度地减少经济损失。

第四节　应急物流子系统

应急物流系统包括七个关键子系统，分别是指挥系统、信息系统、物资系统、配送系统、保障系统、专业人员系统和设施设备系统。每个子系统执行特定职能，同时协同工作，确保整体的沟通与协调，以高效地管理和响应紧急情况下的物流需求。

一、应急物流指挥系统

应急物流指挥系统是在国家或地区遭遇自然灾害、事故灾难、公共卫生事件和社会安全事件等突发性事件时，建立的一个专门的物流指挥中心，旨在有效地筹集、运输、调度和分配救援物资。我国的应急物流指挥系统应是一个常设的、专业的机构，负责救灾指挥工作，确保应急物流的高效执行。

该指挥系统由核心本部和加盟物流中心与公司构成。核心本部包括信息网络中心、专项物资管理中心和技术支持中心，负责协调灾害发生时的救援行动。尽管本部不直接参与物资的采购和运输，但它可以通过收集的信息指导加盟物流中心的相关活动，确保应急体系的有序运作。

领导机构管理中心的运作，向上报告给政府部门和地区政府，向下确保中心的正常运作。信息网络中心建立在政府公共信息平台上，与多个部门保持紧密联系，及时获取各种紧急信息，并更新数据库。物流中心和公司则负责应急物资的存储和调度，确保快速送达灾区。专项物资管理中心和技术支持中心分别负责特定物资的筹备、管理和技术支持。

为确保顺畅运作，应急物流指挥中心必须具有强大的政府授权，作为政府救灾工作的执行机构，依靠政策法规行使职能。应急物流指挥中心具有高度的适应性和响应能力，可以组织商业物流中心和企业参与救援。在平时，应急物流指挥中心聚焦于救灾物资的预测、预算和网络维护，而在紧急情况下，则紧急调动资源，组建现实的应急物流网络参与救援，虽然总体协调，但不直接从事运输工作，而是将任务分配给各商业物流中心执行。

二、应急物流信息管理系统

高效的信息系统对于应急物流来说至关重要，它充当着整个系统的神经中枢，能够提供准确和及时的灾害情况、物资储存、生产情况以及运输资源的信息。这些信息对于支持应急物流的决策过程至关重要，并能大幅缩短响应时间。建立一个完善的信息网络系统不仅包括基础数据的收集、分析和决策，而且需要通过一个高效的信息网络将各级物流机关和保障单位连接起来，确保信息的实时更新和准确性。

信息网络的建设应利用现代信息技术的优势，实现快速的信息上报和反馈，确保信息流动的双向反馈、预警分析、指挥控制和可视化操作。这种高效、全面且迅速的信息处理和传递能力为应急物流指挥部门提供了作出科学决策的基础，从而可以对突发事件作出迅速反应，通过有效的措施控制并管理紧急情况。

信息网络中心可以依托政府的公共信息平台，建立一个专门的应急物流公共信息网络平台。该平台不仅与应急物流指挥系统的核心领导机构和各个子系统紧密连接，还应与相关政府部门、加盟物流中心或企业保持密切联系。通过这个平台，应急物流信息管理系统将成为政府发布公共信息的权威渠道，同时为公众提供向政府反馈信息的有效途径。这种双向通信机制增强了整个应急响应体系的透明度和互动性，从而提高了整个应急物流的运作效率和反应速度。

三、应急物流配送与运输系统

（一）应急物流配送系统

1. 配送概念及主要构成要素

配送是物流领域中的一项核心活动，涵盖了根据客户需求在合理的经济区域内进行物品拣选、加工、包装、分割、组配等作业，并确保物品及时送达指定地点。它不仅结合了商流和物流的活动，而且集成了物流的多个功能要素，使其成为物流活动的一个缩影或小范围物流活动的全面体现。

配送通常包括装卸、包装、保管、运输等环节，特殊配送还可能需要加工活动作为支撑，涉及更多物流方面的内容。然而，配送的核心活动主要强调运输和分拣配货，与一般物流的运输和保管重点有所不同。分拣配货是配送的独特要求，主要目的是实现高效的送货。

从商流的角度来看，配送区别于一般的物流活动，因为它将商务活动与物流活动融为一体，常常被视为一种商业活动形式。随着时间的推移，商流和物流的结合越来越紧密，这种融合是配送成功的关键。

配送作为物流的一个重要分支，涉及多个关键步骤，确保物品从源头到最终用户的流畅转移。以下是配送过程中的主要环节及其重要性的详细阐述。

（1）集货。此步骤涉及将各种分散或小批量的物品集中在一起，目的是减少运输和配送过程中的复杂性。这不仅提高了运输效率，还降低了成本，特别是在大规模配送操作中。

（2）分拣。在配送中心，物品会根据类型、优先级或目的地被分类和堆放。分拣的准确性直接影响配送效率和客户满意度，因此通常使用高度自动化的分拣系统以确保速度和准确性。

（3）配货。一旦物品分类完成，就会根据客户的具体订单进行配货。这一步骤需要精确的订单处理系统和有效的库存管理，以确保正确的物品被及时发出。

（4）配装。配装步骤考虑如何最有效地利用运输工具的空间。这通常涉及对不同订单的货物进行组合装载，特别是在单个订单量不足以达到最优运输效率时。

（5）配送运输。配送运输是整个配送过程的关键，涉及短途运输到指定地点。这需要详细的路线规划以避开拥堵和其他潜在的延误，确保货物能够快速且安全地送达。

（6）送达服务。送达服务不仅是物理交付，还包括与客户的最终交互，如卸货、确认收货、处理退货或交换以及完成交易的财务处理。良好的送达服务可以极大地增强客户的忠诚度和满意度。

（7）配送加工。根据客户的特殊要求对物品进行加工，如标签打印、包装定制或其他特定处理，这有助于提供增值服务，从而提高客户的满意度和区分服务提供商。

这些步骤共同构成了一个高效、响应灵活的配送系统，不仅确保物流活动的流畅性，还能够在面对不同市场需求时提供可靠的服务。

2. 应急物流配送系统的意义与作用

应急物流配送是关键环节，确保在灾害或紧急情况下迅速有效地将救援物资送达受影响区域，从而发挥应急物流的核心作用。以下是应急物流配送在应急物流系统中的具体作用和重要性的详细解释。

（1）应急物流系统的关键环节。应急物流配送不仅是应急物流末端的环节，也是连接应急物资运输与实际需求点的桥梁。配送活动的灵活性和适应性使其能够根据实际情况快速调整运输计划和路线，特别是在道路受损或交通管制的情况下，能够通过各种途径（如空投、特殊车辆等）确保物资及时到达。

（2）提高应急响应效率。在灾害发生后，应急物流配送通过高效的拣选、包装和加工流程，确保每一项物资按需快速到达。这种高效的物流操作减少了物资浪费，避免了资源的重复分配，使得救援物资能够更加精准地满足受灾地区的实际需求。

（3）优化资源配置。应急物流配送使应急指挥机构能够在统一的指挥下，更有效地协调、部署和分配救援资源。通过对救援物资的合理规划和分配，应急配送不仅提高了资源的使用效率，也增强了整个应急保障系统的响应能力。

（4）支持快速决策和实施。应急物流配送系统的有效运作为应急指挥中心提供了实时数据支持，使决策者能够基于当前的物资存量和需求状况作出快速响应。这种从数据到决策再到执行的快速转换，是处理紧急情况下复杂问题的关键。

（5）强化后勤支持和维护社会秩序。在重大灾害或危急情况下，应急配送的效率直接影响救援效果和受灾群众的生存状况。有效的应急配送不仅可以快速缓解受灾地区的紧迫需求，还有助于维持和恢复正常的社会秩序。

通过这些机制，应急配送成为应急物流系统不可或缺的一部分，确保在面对突发公共危机时，可以迅速、准确地完成救援任务。

3. 应急物流配送方式

应急配送方式的选择对于应对灾害和紧急情况至关重要，不同的配送方式可以适应不同的需求和情况。以下是对各种应急配送方式的进一步解释和扩展。

（1）定时配送。这种配送模式遵循预设的时间表，按照固定间隔发送必需的物资，有助于预测物资到达时间并据此进行应急准备和响应。这种模式特别适用于那些需求周期明确、时间敏感的场合，如医疗物资和食品供应，确保受灾地区或紧急事件现场可以定期接收到必要的支援。

（2）定量配送。在这种模式下，配送的每批物资数量固定，便于统一管理和控制库存，同时简化了物流计划。这种模式适用于大规模灾害响应，其中包括多个接收点的物资需求，如救灾帐篷、睡袋和其他长期储备物资的配送。

（3）定时定量配送。结合了定时和定量配送的优点，按固定时间和数量向需要地区发送物资。这种策略需要高度的计划和协调能力，常用于食品和医疗物资的配送，确保持续且均衡的物资供应。

（4）及时配送。这种灵活的配送模式根据灾情的变化及时调整物资的配送，需要高效的通信和协调系统作支撑。及时配送对于快速变化的情况特别有效，如在突发公共卫生事件中迅速分发急需医疗物资。

（5）超前配送。这种模式依靠先进的预测和预警系统，在灾害发生前预先部署物资，是一种极具前瞻性的策略。通过科学技术预测灾害发生的可能性和影响，提前调配如沙袋、预制板、应急食品等物资到可能的灾区，从而减轻灾害影响，加快灾后恢复速度。

（6）综合配送。综合配送模式是应急物流中一种高效的多任务配送策略，通过结合多种配送方式如定时配送、定量配送、及时配送和超前配送等，以确保应急物流目标的全面实现。这种模式特别适合应对大规模灾害和紧急事件，因为它能同时处理多个物资需求点和不同类型的物资需求，从而优化资源分配，提高响应速度和效率。

4. 应急物流配送系统架构

应急物流系统的效果依赖应急配送系统是否能够及时、准确地将物资输送到目的地。这通常通过两种途径来实现：一是通过与国内覆盖面广、设施完善、信誉高的大型物流企业合作，有效利用其资源；二是尝试实施"军地物流一体化"模式，整合军民物流资源，优化使用，实现资源共享。

在应对灾害的情况下，应急物流配送系统的构建和执行涉及以下关键步骤，以确保救援物资能及时、准确地达到灾区。

（1）灾区需求属性聚类。使用模糊聚类等统计分析方法，将灾区根据需求的紧迫性、伤亡情况和受灾严重程度进行分类。这一步骤帮助明确哪些地区需求更为迫切，从而制订更有针对性的配送计划。

（2）群组排序。经过聚类后，对灾区进行优先级排序。使用效用值评估方法，如将每个群组的需求量、受灾严重度等数据转换为评分，通过计算各评分的总和来确定各灾区的服务优先顺序。

（3）供需失衡配送准则。在资源有限而需求巨大的情况下，根据灾区的紧迫性和需求情况制定配送准则。这包括急需生命救助物资如食物、医疗用品的优先配送，以及其他支援物资的次序安排。

（4）配送模式构建。建立高效的配送模式以应对突发情况，防止救援物资在配送过程中的滞留和资源浪费。这需要对现有的供应点和潜在的区域配送中心进行科学规划，确保救援物资能够通过最优路线迅速送达各灾区。配送模式应结合地理信息系统和实时交通数据，优化物流路径和调度策略，以实现配送时间的最小化。

这些步骤不仅需要有效的技术支持和数据处理能力，还需要各级政府部门、非政府组织和私营部门的协作，共同面对灾害带来的挑战。通过上述措施，可以大幅提高应急物流系统的响应速度和效率，确保在关键时刻能够救助更多的灾民。

在应急物流操作中，信息收集和实时更新是核心。建立一个健全的信息网络，可以快速反应并适应灾情的变化，这对于应急物流配送的成功至关重要。在灾情预测和需求评估方面，应急指挥中心应通过建立预测模型提前准备，确保在信息不全时仍能作出合理的配送决策。

5. 应急物流配送的三个对策

在应对突发性事件时，应急物流配送系统的建设与实施涉及多个关键策略。

（1）灵活的配送方式与需求指标体系的科学确定。首先，应通过网络信息平台深入研究用户需求的特点，选择影响配送效率的关键需求指标。采用系统工程原理，合理分配这些指标的权重，构建一个全面的需求指标体系。其次，基于这些指标设定一套三级预警体系——一般级、严重级和紧急级，并为每个预警级别设计相应的配送响应策略。最后，应急配送需提升协同效应，通过打破行业界限整合更广泛的社会资源，采取包括伴随式、跟进式在内的多样化配送策略，并在紧急情况下实施超常规的配送方法如空中投送，确保国家和社会需求得到迅速响应。

（2）电子商务平台的充分利用。应急物流配送系统应特别优化其电子商务接口，以提高配送的反应速度和效率。这包括重新设计适于应急反应的物流渠道，减少物流环节，简化处理流程。尤其是利用第三方电子商务平台的优势，整合多个用户和供应商的资源，以实现规模经济和快速反应。针对我国现状，应特别关注建立一个有效的社会物流配送系统，以解决网络商务和物流配送之间的瓶颈，确保低成本、及时和精准的物资配送。

（3）加强应急物流配送的法制法规建设，强化配送体系的监管力度。强化应急物流配送的法治和法规建设，确保配送体系的监管严密性，是确保应急物流顺利进行的关键。

在建设应急物流配送的法制和规章方面，我们必须从以下两个关键方面着手。

①配套法律法规的建设。尽管现有的物流法规体系已相对完整，但由于电子商务的快速发展及其对物流行业带来的新挑战，现行法规需进行相应的更新和补充。特别是应急物流领域，其操作的特殊性和紧迫性要求有更具针对性的法律支撑。例如，制定具体的应急交通运输法规，规定在突发公共卫生事件或自然灾害期间的运输优先权、运输车辆和人员的特例处理等。同样，应急电子商务法律也需制定，确保在网络购买、物资调配和信息传递等环节的法律保障，以适应快速变化的市场需求和技术发展。

②规章制度的完善。应急物流配送的高效与有序不仅依赖坚实的法律基础，还需要详尽的规章制度来指导日常操作。完善的规章制度应涵盖应急物流配送的每一个环节，包括物资采购、存储、运输、分配等方面。例如，制定物资分配优先级的规则，确保首先满足最紧急区域的需求；建立应急物资的存储和保管规范，最大限度地减少因管理不善而导致的资源浪费。此外，规章制度还应包括对参与应急物流配送各方的职责和权利的明确，以及在违规操作时的处罚措施，确保系统的透明性和公正性。

③加强监管力度。为了防止在应急物流配送过程中出现不法分子利用国家危机牟取私利的情况，必须对相关活动进行严格监管。这包括建立完善的企业和个人信用系

统，实时监控参与应急物流的所有方的信用行为。通过与国家法律和行政机关的数据库进行实时同步，确保信息的及时更新，使得任何违规行为都能迅速被发现并处理。同时，还应加强法律执行力度，对违法行为采取严厉的处罚措施，确保应急物流配送活动的正当性和高效性。

④政府与企业的合作。政府在管理应急物流配送中发挥着核心角色的作用，应通过应急物流指挥中心积极整合来自各方的社会资源。与信誉良好、价格合理的物流企业建立合作关系，实施协同配送，提高应急响应速度和效率。在极端紧急情况下，政府应当利用与军方的合作，动用军用运输设备和专用线路，确保关键物资能在最短时间内送达关键地区。此外，政府还需要发挥其动员社会的能力，组织地方官员、民兵、公安、医务人员及志愿者等多方面力量，共同参与救灾行动，确保救援物资及时准确地到达每一个需要的地方。

（二）应急物流运输系统

1. 物流运输方式及比较

（1）公路运输。公路运输是通过汽车等各种车辆在道路上进行货物的运送。它适合短距离运输和较小批量的货物，特别是在水路和铁路难以到达的地区。其优点在于高度的灵活性，较低的建设和运营成本以及能够根据地理环境灵活调整运输策略。公路运输不仅可以独立运作，也常作为连接其他运输方式的衔接手段，最适合经济半径在200千米以内的运输。

（2）铁路运输。铁路运输主要通过列车在铁轨上运送大量客货，尤其适合长距离的大宗货物运输。其优点包括较快的速度、较低的运输成本和较大的载货能力，同时相比其他运输方式，受自然条件的影响较小。不过，铁路运输的灵活性较差，依赖固定的轨道系统，需要和其他运输手段相结合以实现终点配送，最适合经济里程超过200千米的运输。

（3）水路运输。水路运输通过船舶在水域中运输货物，主要用于大批量和长距离的货物运输。在内河和沿海地区，它也经常用作辅助运输工具，连接主要运输线路。其主要优点是运输成本低，能够进行大规模运输。然而，水路运输的缺点在于速度较慢，且易受港口条件、水位变化、季节和气候等因素的影响。

（4）航空运输。航空运输使用飞机等航空器来运送货物，特别适合于运输急需、高价值或轻质货物。其最大优点是速度快、覆盖范围广，能够到达其他运输方式无法覆盖的偏远地区。这种运输方式的主要缺点是成本高。

（5）管道运输。管道运输是通过管道系统输送气体、液体及粉状固体。它的优点在于可以持续稳定地大量运输物资，运输过程中减少了物资散失的风险，非常适合需连续大量运输的资源。这种运输方式相对其他方式来说，更加安全且经济。

2. 应急物流运输的特点、实施原则和目标

应急物流运输是针对重大自然灾害、突发公共卫生事件及公共安全事件等紧急情况而设立的，旨在实现时间效益最大化和尽可能减少灾害损失的特殊运输活动。相较于常规运输活动，应急物流运输展现出以下几个特点。

（1）弱经济性。在应急物流运输中，主要目标不是追求最大的经济收益，而是在确保救援物资能够尽快到达所需地点的同时，尽量降低运输成本。这意味着，在应急情况下，运输效率和速度优先于成本效益，以保证救援效果。

（2）突发性和不确定性。应急物流运输必须能够迅速响应突发事件，这要求运输系统能够在极短的时间内启动和调整。自然灾害和突发公共事件的不可预测性使得应急物流运输需求、可用运输资源的数量和类型都可能随事件的发展而有所变化。这种不确定性要求运输系统具备高度的适应性和灵活性。

（3）非常规性。应急物流通常由政府主导，涉及的运输资源可能需要从民间临时征用或调配。这种非常规的运输方式不仅包括征用民间车辆，还可能包括调动军队或其他政府部门的资源。这样的做法有助于迅速集结足够的运输力量，以满足紧急需求。此外，通过动员全社会的运输资源，例如专业物流公司的专业能力和运输设施，可以大大提高应急响应的速度和效率。

应急物流运输不仅是一种物资配送方法，更是一种涉及全社会协作与资源共享的应急响应机制。在实际操作中，需要政府、民间及专业物流服务提供者之间的紧密合作和信息共享，以确保在危急情况下能够快速、有效地进行物资的调度和运输。

实施应急运输的原则包括以下几点。

（1）时间效益优先原则。由于应急运输的特性，即其突发性和对快速响应的需求，时间效益在应急运输中应优先于经济效益。这意味着，应急物资的运输不是追求成本最低，而是确保物资能够尽可能快速到达需求地点，实现的是社会效益的最大化。

（2）综合机制运用原则。在应急运输中，不仅要利用市场机制优化资源配置，还需要行政和法律机制的支持，以应对自然灾害或突发公共事件带来的各种挑战。市场机制提供效率，行政机制提供指令性的快速响应，法律机制确保过程的正当性和合规性。

应急物资运输的保障目标应包括以下几点。

（1）安全性目标。确保运输过程中应急物资的安全，最小化任何可能的损失。这不仅涉及物资本身的安全，还包括运输过程中的人员安全。

（2）快捷性目标。应急运输应具备迅速反应的能力，确保在面对重大灾难时，物

资能够迅速到达，从而有效地支持救灾行动。

（3）节约性目标。尽管时间效益是首要的，但在物资的运输过程中还需要考虑成本效益，避免不必要的资源浪费，确保经济性也在可接受范围内。

通过遵循这些原则和目标，应急物资运输可以更有效地支持灾区恢复和救援工作，同时确保资源的合理利用和快速部署。

3. 各种运输方式保障机制

应急物流的特性强调了运输环节的重要性，特别是在运输方式和路线选择上，最低成本的原则不再是主导，关键是显著缩短应急物资的运输时间。根据物资的价值、数量和对运输条件的特殊需求，应选择最直接和高效的运输方式，实现直达或联合运输以加快物资的流动。在灾难响应时，应考虑设立绿色通道，简化如检验检疫等程序，并实施物资优先运输策略以保障物资的快速流通。同时，如果条件允许，应采取辅助措施或优化策略以降低物流成本，确保应急物流系统的高效性和经济性。

（1）应急运输通信与信息保障

应急运输在突发公共事件中至关重要，其通信与信息系统作为核心支撑，确保信息的及时发布和资源的有效整合。建立高效的通信与信息系统不仅涉及到软硬件建设，更重要的是信息的快速获取、处理和应用能力。

①构建应急通信与信息平台。建立一个综合的应急通信与信息平台，结合有线和无线通信技术，支持基础电信网络和机动通信系统。这个平台应支持公共通信网络和专用交通通信网络的整合，不仅服务于政府决策和应急运输指挥，也便于公众信息反馈。通信平台应包括固定与移动电话、无线通信、传真、短信、视频通话及卫星定位等，利用现有的电子政务网络和公共信息网络，实现信息互动。信息平台应具备信息采集、分析、决策等功能，建立并维护一个全面的应急运输保障数据库，以确保信息的及时更新和公众获取最新动态。

②建立标准化和一体化的应急指挥信息系统。针对公路交通应急保障的需求，构建一个全国统一的、标准化的公路交通应急指挥信息系统，并实现与其他电子政务系统的无缝对接。这将促进应急响应的分级管理和联动协作机制的形成。立即启动应急信息系统软件及标准的开发，规范系统建设的软硬件平台、数据库结构和应用系统功能。确立统一的建设程序和验收标准，指导应急信息系统的开发和实施，实现系统间的互联互通和信息共享，避免资源浪费和建设重复。

（2）应急运输队伍与装备保障

应急运输队伍及其装备是确保有效应急响应的核心。考虑到突发公共事件的广泛性和可能引起的连锁反应，各种应急运输任务应依据事件的具体性质和要求来配备相应的人员和设备。为此，应制订多样化的应急运输方案以应对不同情形。

我国应急运输保障队伍的构建应以地市为基本单元，形成三级响应体系：第一处置队伍、第二处置队伍以及增援队伍。这种分级保障体系能够根据各地区面对的特定突发公共事件类型和具体地理条件进行优化配置，从而有效缩短应急响应时间、提高运输效率并减少由公共事件引发的损失。

具体到省部级的应急运输保障队伍构建，可以从已有的地市级第一处置队伍中筛选部分队伍，按需组建省级或部级的应急响应队伍。这样的安排不仅增强了各级应急队伍的协调性和灵活性，也确保了在紧急情况下能够迅速调动、有效处置。

（3）技术支撑保障

应急运输的复杂性和特殊需求决定了其对技术支持的依赖性非常高，这不仅包括基础数据支持、运输保障技术，还包括预案的制订与执行。以下是实施应急运输所需的技术支撑措施。

①公路交通应急总体规划保障。公路交通应急总体规划是管理突发公共事件的关键工具。从全国层面制定的公路交通应急保障规划应明确其目标、组织结构、资源配置及行动原则，以保证应急响应的统一性和规范性。为此，必须尽快实施具体规划，以优化和整合各类资源，确保预防、应急处置和恢复重建等方面的系统协调和高效运作。

②应急运输预案保障。应急运输预案的制订应注重实用性和操作性，确保在突发事件中能快速有效地指导应急行动。充分考虑应急运输的环境和条件极为多变，预案应覆盖所有可能的突发事件情况，包括预测预警、应急响应、信息发布及后续处置等，同时应明确各参与机构的职责和行动流程。预案的制订应基于深入的实地调查和科学分析，以确保其全面性和精确性。

③基础数据与科技支撑保障。为应对应急运输中的复杂性和高时效要求，建立健全的信息数据库至关重要。这包括灾害类型、影响范围、资源库存、运输能力等多方面的数据。同时，应加强应急科技研究和应用，提高应急运输的技术水平和响应速度。这不仅可以提升处理突发事件的能力，还有助于实现资源的最优配置和使用。

这些技术保障措施将确保在突发公共事件发生时，应急运输能够迅速、有效地进行，最大限度地减少事件带来的影响和损失。

第五章　应急物流信息系统

在现代应急管理中，应急物流信息系统的作用日益显著，成为保障及时、有效救援的核心工具。本章围绕应急物流系统，深入探讨了应急物流信息系统的构建和优化，着重分析了系统的定义、体系结构及其关键技术实施。应急物流信息系统不仅支持灾害响应和恢复的决策过程，而且通过高度集成的技术平台，提高了资源配置的效率和反应速度。

信息系统的设计原则、内容以及如何根据实际需求构建系统的整体架构是本章的重点。本章还讨论了信息系统开发的多种方法，包括结构化系统开发方法、原型法和面向对象开发方法，这些方法各具特色，适用于不同阶段和需求的系统开发。最后，文章深入分析了支持应急物流的关键技术，如自动识别技术和跟踪定位技术，这些技术为实现快速、准确的物资分发和资源调配提供了技术保障。

第一节　物流信息系统的概述

一、物流信息系统的定义

物流信息系统广泛定义为一套集人机交互、计算机软硬件以及网络通信技术于一体的系统，主要功能是收集、存储、处理、传递、维护和应用物流信息。该系统旨在为物流组织提供战略性竞争优势，提高整体效益和运作效率。作为一个综合性的信息系统，它具备分析、规划、预测、控制和决策的能力，支持物流组织的管理层、控制层和操作层。

随着信息技术的飞速发展和管理理念的不断革新，物流信息系统正变得日益重要。在全球经济一体化的大背景下，现代物流信息系统主要表现出以下发展趋势：功能的集成化与模块化设计，使系统更加高效灵活；信息收集的自动化与在线化，实时更新数据；信息传输的网络化与标准化，提高系统的互联互通；信息处理的智能化，增强决策支持能力；用户界面的友好化，改善用户体验。这些趋势共同推动物流信息系统向更高层次的技术集成和服务优化迈进。

二、物流信息系统的体系结构

（一）物流信息系统结构介绍

物流信息系统的结构描述了组成该系统的不同部分如何组织和互动。这种结构可以根据系统各部分的不同功能和作用被解读和分类。常见的分类包括概念结构、功能结构、软件结构和硬件结构等。每种结构侧重于系统的不同方面：概念结构强调系统设计的理论基础；功能结构详细说明系统的操作和管理功能；软件结构关注于系统的编程和应用软件配置；硬件结构涵盖了支持系统运行的物理设备。这些结构层面共同构成了物流信息系统的完整框架，确保其高效、协调地运作。

1. 概念结构

根据图 5-1，物流信息系统由信息源、信息处理器、信息用户和信息管理者四部分组成。

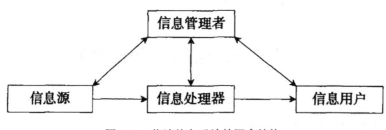

图 5-1　物流信息系统的概念结构

信息源是物流信息的起点，这些信息可能来自组织内部或外部。以一家提供全面物流服务的公司为例，其内部信息可能包括销售发票、库存状态更新、运输工具的维护状况等，而来自外部的信息可能涵盖供应商资料、客户信息、市场趋势和政策法规等。通常情况下，内部信息比外部信息更可靠和确切。

信息处理器的核心职责包括管理和处理物流信息的流动、编辑和存储。这些职责涵盖将物流活动产生的信息转发至财务部门、进行物流信息的统计分析以及使用各种存储工具和技术进行数据备份和存储。

信息用户则是利用这些物流信息来达成管理目标的个人，他们可以是组织内部的员工，或是客户、供应商及其他合作伙伴。

信息管理者则负责设计和实施物流信息系统。他们不仅负责系统的初始设置和启动，还需在系统运行期间进行管理和协调，确保系统高效运作。

2. 功能结构

从功能角度分析，物流信息系统构成了一个围绕特定系统目标、通过各种信息流互动的有机体。例如，第三方物流信息系统的功能结构，如图5-2所示，展现了系统各部分之间的协作和信息流通方式。

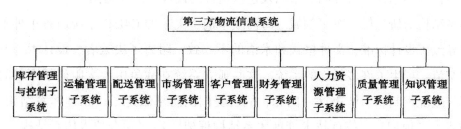

图5-2　第三方物流信息系统的功能结构

3. 软件结构

物流信息系统的软件结构由多个软件系统和模块组成，这些软件系统和模块共同支持系统的整体功能。这种架构包括用于全系统的公共数据文件、通用程序、标准模型库和数据库管理系统等共享资源。此外，系统还包括为特定功能量身定制的专用数据和程序。物流信息系统的软件结构如图5-3所示。

应用软件用途	库存	运输	配送	市场	客户	财务	人事	质量	知识	公用程序	
战略计划										模型库	数据库管理系统
管理控制											
运行控制										公用应用程序	
业务处理											
专用文件											
公用数据文件											

图5-3　物流信息系统的软件结构

4. 硬件结构

物流信息系统的硬件结构由各种硬件组件及其连接方式构成，这些硬件组件的功能特性决定了系统的整体性能。在构建物流信息系统时，硬件选择通常在微型计算机网络和小型机终端这两种基本架构方案中进行。

（二）物流信息系统整体结构

"体系结构"源自英文单词"architecture"，在汉语中结合了"体系"与"结构"的含义，并进一步深化扩展。根据美国国防部 C4ISR 一体化任务委员会的定义，体系结构涵盖了系统各部分及其结构、部件间的相互关系，全程指导系统的设计与发展。它包括组件及其结构、组件间关系以及这些组件的设计与操作指南。

体系结构的研究始于军事领域。海湾战争前，美军的 C4ISR 系统由各军种独立开发，这导致了设计标准、文件格式和术语的不一致，阻碍了决策者、设计者与开发者之间的交流，产生了许多孤立的系统。这些孤立系统在战争中大大阻碍了军种间的数据共享与战况控制。为解决这一问题，战后美国国防部制定了一系列体系结构文档，如《技术参考模型》《信息技术管理体系结构框架》和《联合技术体系结构》，规范了 C4ISR 系统的设计，确保系统的互联、互通与数据共享。1995 年，C4ISR 一体化任务委员会开发了《C4ISR 系统体系结构框架》1.0 版与 2.0 版，统一描述方法并定义了作战视图、系统视图和技术视图的应用。基于此框架，美军构建了针对作战领域的信息系统体系结构，并扩展到物流领域。2004 年，美国《国防部体系结构框架》（DoDAF）1.0 版发布，详述了体系结构的定义、功能、视图、产品和发展方向，为描述、开发及集成国防体系结构提供了标准方法，并设置了新的企业体系结构标准。

基于《国防部体系结构框架》，本段内容采用了 Popkin 公司开发的 Telelogic System 10.4 架构工具，分析了典型的物流业务流程和信息流程，并据此创建了物流信息系统的体系结构视图产品。此产品包括业务视图、系统视图和技术标准体系结构等，每个视图进一步细分为具体的组成部分，如图 5-4 所示。

物流信息系统的结构从不同角度探讨，表明其主要是由硬件、软件、参与人员及物流组织的管理规范等组成的统一体。

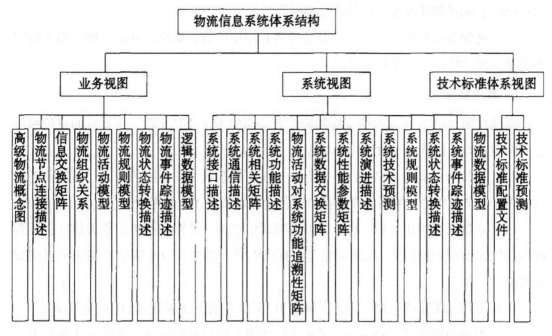

图 5-4 物流信息系统体系结构示意图

1. 业务视图

业务视图（OV）关注于物流任务、业务流程、活动及要素，揭示这些元素及元素之间的信息交换关系。此视图明确了物流参与者的相互作用及信息需求，并指出需求的满足方与信息交换的必要性。

（1）高级物流概念图（OV-1）：用图文形式展示物流的使命、任务和方式，描述任务的性质、执行实体、顺序、方式、目标以及与外部环境和系统的互动。

（2）物流节点连接描述（OV-2）：对高级物流概念图中的物流功能进行细化，详述物流节点活动、节点间的连接和信息交互特性。

（3）信息交换矩阵（OV-3）：详细设计业务中的交互信息，如申请、订单等，包括信息内容、格式、安全级别和紧急性。

（4）物流组织关系（OV-4）：描述架构中关键物流人员和组织间的业务关系，如指挥、指导和协作关系。

（5）物流活动模型（OV-5）：对 OV-2 中定义的物流业务活动进行详细阐述，采用分层结构设计方法，自上而下细分活动，如仓储活动可分为入库、保管、出库等子活动。

（6）物流规则模型（OV-6a）、物流状态转换描述（OV-6b）、事件踪迹描述

（OV-6c）：描述物流业务活动的顺序和时间特性。

（7）逻辑数据模型（OV-7）：描述业务视图中的数据要求，涵盖与物流相关的数据类型、属性特征及其相互关系。

2. 系统视图

系统视图（SV）详细说明支持物流业务功能的系统及其互联，主要目的是按照规定的标准和需求设计系统的结构和功能。

（1）系统接口描述（SV-1）。作为业务视图和系统视图之间的桥梁，描述业务视图 OV-1 中节点所分配的系统及其接口，将业务和系统视图紧密联系。

（2）系统通信描述（SV-2）。详细说明通信系统、链路和网络的相关信息，涵盖 OV-2 中必需的物理连接，如使用光缆、有线电话、微波、卫星通信等实现节点间数据传输。

（3）系统相关矩阵（SV-3）。详细列出 SV-1 中提到的系统接口的具体特征。

（4）系统功能描述（SV-4）。展示系统功能之间的数据流动、系统间或系统内功能的相互关系，以及节点上的活动。

（5）物流活动对系统功能追溯性矩阵（SV-5）。通过描述物流活动与系统功能之间的多对多关系，进一步连接业务与系统体系结构。在此矩阵中，一个业务活动可能由多个系统功能支持，且一个系统功能可以支持多种业务活动。

（6）系统数据交换矩阵（SV-6）。描述节点内部系统间以及这些系统与其他节点系统之间的信息交换，强调数据交换的实现方式。

（7）系统性能参数矩阵（SV-7）。详述各系统的当前硬件和软件性能特性，以及对技术标准的适应性和预期性能特征。

（8）系统演进描述（SV-8）。记录系统或其嵌入的体系结构的长期演进。

（9）系统技术预测（SV-9）。描述当前掌握的和未来可能掌握的支持技术。

（10）系统规则模型（SV-10a）、系统状态转换描述（SV-10b）、系统事件踪迹描述（SV-10c）。描述系统功能的顺序和时间特征。

（11）物流数据模型（SV11）。解释逻辑数据模型中的物流信息如何在系统视图中实现。

3. 技术标准体系结构

技术标准体系结构（TV）详细描述了物流信息系统的技术标准和规范，旨在提供系统所需的基础技术支持，并确保系统具备必要的技术扩展能力，以满足特定业务需求的发展。技术标准体系结构确保了系统的兼容性、可扩展性和持续性，下面详细介绍其相关视图产品和创建方法。

（1）技术标准配置文件（TV-1）。此视图详细记录了系统的核心技术规则和标准，涵盖了系统运行的多个关键技术领域。这包括操作系统的选择、用户接口的设计原则、数据管理策略和传输交互协议等。TV-1 的目的是为系统设计者、开发者和最终用户提供明确的技术导向，确保系统在实现过程中的技术一致性和高效性。

（2）技术标准预测（TV-2）：基于 TV-1 的现有技术框架，TV-2 提供对未来技术发展趋势的预测和展望。这不仅包括现有技术标准的可能演变，还考虑新兴技术如何与现有系统集成或逐步替换旧系统。TV-2 旨在帮助决策者和技术团队预见未来技术变革，以便及时调整技术路线图和升级计划，确保系统在技术快速变化的环境中保持前瞻性和竞争力。

通过这两个视图，技术标准体系结构不仅为系统的建设和运维提供了坚实的技术基础，同时为应对未来技术挑战做好了准备，从而保证物流信息系统能够持续满足业务的发展需求和应对各种外部变化。

第二节　应急物流信息系统的结构设计

应急物流信息系统是应急物流体系中的一部分，它对于应对自然灾害、突发公共卫生事件以及局部军事冲突等不确定情况至关重要。在应急物流系统中，信息的获取和传递至关重要。应急物流信息系统的宗旨在于支持危机管理的全流程，利用信息技术，实现广泛、跨领域和部门的信息资源、处理资源和通信资源的实时协调，从而使应急响应更加高效和可视化。

一、应急物流信息系统的构建原则

在构建现代物流信息系统时，应遵循以下几个基本原则，以确保系统的整合性和有效性，特别是在应急物流场景下，这些原则的实施尤为重要。

（一）系统性原则

为确保在紧急情况下的效率和反应速度，应急物流信息系统的构建必须考虑到与物流相关的所有方面——包括指挥、采购、配送、仓储等。系统设计需强调整体性和一体化，确保各个部分能够无缝对接，形成一个协调一致的整体。这种整合性不仅优化了流程，还增强了系统在突发事件中的适应性和响应能力。

（二）科学化原则

应急物流信息系统的设计应基于科学的方法和技术，以确保在应对突发事件时，能最大限度地减少响应时间并提高效率。科学化原则涉及选择合适的技术和工具，不仅仅是追求先进性，更重要的是它们必须适应特定的应急物流需求。系统应能够灵活地适应复杂多变的应急环境，确保在关键时刻的高效运作。

（三）信息规范化原则

鉴于应急物流信息通常来源广泛且复杂，包括正规和非正规渠道，制定统一的信息标准和格式至关重要。这不仅有助于提高信息处理的效率和准确性，还保证了系统间信息的无缝传递。规范化的信息处理程序是确保在各类系统间高效交换数据的基础，特别是在紧急状态下。

（四）社会化原则

应急物流通常由政府或非营利组织实施，涉及多方社会资源。因此，信息系统的构建应该利用现有的社会公共信息平台，以确保整个系统的开放性和接入性。此外，专业化的信息保障由具备相关技能的社会机构提供，能够增强系统的专业性和实用性。

（五）经济原则

虽然应急物流在操作中可能面临较高的成本，但系统设计应遵循经济效率原则，力求在有限的资源下实现最大的效率。通过技术和管理创新，确保资源的合理使用和成本控制，以便在不牺牲效能的前提下，达到成本最小化。

遵循这些原则将确保应急物流信息系统在面对突发事件时，不仅能迅速有效地响应，还能在整个物流过程中保持高效率和成本效益。此外，遵循这些原则不仅有助于构建一个高效的应急物流信息系统，还能确保该系统在面对各种紧急情况时能够稳定、高效地运行。

二、应急物流信息系统的构建内容

应急物流信息系统的设计与常规物流系统存在显著的差异，尤其体现在对突发事件的响应和处理机制上。以下是几个关键的应急响应和处理机制。

（一）敏锐的预警反应机制

有效的预警机制可以大幅提前应对突发事件。例如，通过监控关键指标（如市场中某些产品的异常价格波动）来预测潜在的危机。因此，加强对这些临界指标的研究和分析至关重要，以便信息系统能够及时发出预警信号，提前做好应急物流准备。

（二）规范的应急转换机制

在常规状态向应急状态的转换过程中，信息流的处理至关重要。建立标准化的信息转换机制可以防止在紧急转换时信息的堵塞和滞留，确保信息的流畅和及时响应，从而维护系统的有序运作。

（三）科学的决策处理机制

在应急物流操作中，信息系统不仅要提供关键数据，还要参与决策过程。通过建立数据分析和优化模块，可以帮助决策者基于科学分析优化物流流程和操作，提高应急响应的效率。

（四）及时的反馈评估机制

建立一个有效的反馈和评估机制是识别和解决物流运作中存在的问题的关键。通过及时的系统反馈，可以迅速识别系统瓶颈或效率低下的环节，从而及时调整策略，改进流程，提高整体运作效率。

（五）高性能的安全保密机制

鉴于应急物流常涉及国家安全或重大公共事件，保障信息的安全尤为重要。强化信息系统的安全措施，如数据加密、物理隔离以及制定严格的安全协议和法律措施，对防止信息泄露和系统被恶意攻击至关重要。

通过实施这些机制，应急物流信息系统能够更有效地支持应急响应，确保在危机情况下的高效、有序运作。

以上内容相互作用、相互联系，具体表现如图5-5所示。

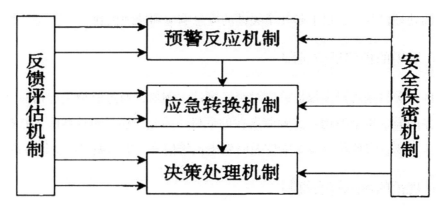

图 5-5　应急物流系统各内容作用

三、应急物流信息系统的结构

应急物流的特性要求构建一个有效且能够扩展的物流信息系统架构。应急物流涉及多种功能的物流企业和其他社会单位的协作，因此发展一个综合的系统架构模型对于信息系统的设计、实施及物流配送算法的应用至关重要。一个完备的信息化应急物流系统主要包含以下几个核心组成部分。

（一）基于 Internet 的 Web 应急物流公共信息平台

此平台能够与应急物流指挥中心及关键部门（如地震、气象、卫生防疫、环保和交通运输等部门）等保持紧密联系，实时获取关于自然灾害、公共卫生事件、生产事故、环境污染、交通状况及应急物资需求的信息。它能持续更新数据库，确保发布最新的政府公告、应急法规、灾害和气象信息。信息网络中心不仅作为指挥中心的信息管理和网络系统构建的核心，还负责灾前、灾中和灾后的情报收集和处理。

（二）公共部门内部基于 Intranet 的物流软件系统

该系统可以基于客户端/服务器（C/S）或浏览器/服务器（B/S）架构，专为公共部门定制，主要提供决策支持并简化日常操作。系统涵盖关键的物流管理模块，如物资仓储管理，用于优化库存控制和确保物资的安全存储；配送管理，以调度和跟踪物资配送任务确保及时交付；筹备管理，用于策划和组织资源以满足未来需求；运输管理，该模块支持路线优化和车辆调度以提高运输效率。此系统还包括高级数据分析工具，可以分析物流性能并生成实时报告，以支持政策制定和流程改进。

（三）物流的物理实施部分

物流的物理实施部分包括具体的物资仓储、配送和运输等实际物流操作。在这一阶段，将空间信息技术（如 GIS 和 GPS）与通信技术、Web 技术及现代物流管理技术有效集成至关重要。例如，利用 GPS 跟踪技术确保运输车辆的实时监控，通过 GIS 优化配送路线，减少运输时间和成本。同时，通过利用现代传感器技术和自动化设备，可以在物流中心自动化处理和排序包裹，增强操作效率和准确性。这些技术的综合应用不仅提高了物流操作的效率，也增强了应对突发事件的能力，确保物资能够在最短时间内被有效地调配和使用。

（四）完善的保障机制

由于应急物流常需要迅速调动大量应急物资，建立一个完善的保障机制至关重要，以确保应急物流资源充足、流动顺畅、方向准确、流量合适、流程简化及速度快速。各级政府在应急物流保障机制中扮演着领导和协调的角色，从中央到地方政府建立具有明确职责的管理机构，协调和管理应急物资的储存和运输，实现应急物流的高效运作。

按照应急物流流程划分，应急物流信息系统整体结构如图 5-6 所示。

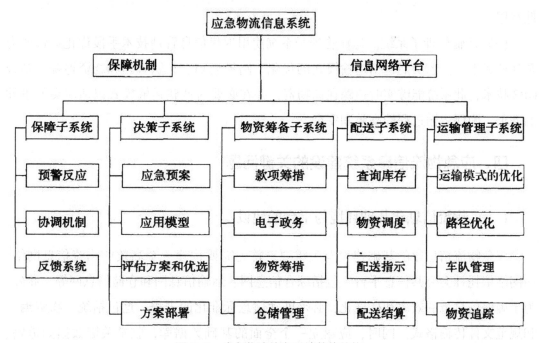

图 5-6　应急物流信息系统整体结构

（1）保障子系统。保障子系统包含预警反应、协调机制和反馈系统模块。预警机制通过设置敏感因素的临界指标，构建灵敏预警能力的信息系统，以提高应急物流的响应效率。应急物流的社会功能要求社会各界的参与，因此需要建立有效的协作和信息共享机制，加强跨部门和跨行业的协调，通过沟通或法律和行政手段建立共同协作的环境。此外，信息化的反馈系统可以在突发性自然灾害和公共卫生事件中迅速反馈应急措施的效果，揭示物流系统的弱点，从而支持及时的错误纠正和流程改进。

（2）决策子系统。决策子系统依托信息网络平台收集的数据，运用数据库技术和经济管理数学模型等工具进行辅助决策和预测。此系统包括建立完整的应急预案、使用决策模型（如线性规划和决策树）、评估方案选择与优化部署等功能。决策子系统支持应急物流从策略制定到执行的全过程，确保决策的科学性和实时性。

（3）物资筹备子系统。应急物资筹备子系统专注于解决重大灾害后的救援、抢险和安置工作需求。此子系统涵盖救生、医疗和生活类物资的管理，并通过分类管理方法优化物资储备。使用高级计算机仓储管理软件（WMS）来提高库存管理的效率和准确性，减少库存成本，并确保物资能在紧急情况下迅速部署。

（4）配送子系统。配送子系统负责管理应急物资的配送操作，包括查询库存和配送能力、发出配送和结算指令以及发货通知。此子系统还负责应急物资的调度，确保科学合理的救援物资分配，并在满足特定约束条件下优化配送效果，如最短路程和最低费用。

（5）运输管理子系统。运输管理子系统使用现代信息管理技术手段优化运输能力和降低成本。主要功能包括运输模式的优化、路径规划、车队管理和物资追踪。结合GPS技术，此系统能够实时追踪在途物资，并在必要时调整运输模式以适应突发事件的需求，确保运输过程的高效和安全。

四、应急物流信息系统建设的关键问题

（一）物流信息化基础环境与平台的建设

应急物流信息化的基础建设至关重要。首先需要构建一个高效的物流信息网络，该网络依托社会公共信息平台，包括综合信息网、运输信息网和仓储信息网等。此外，为了确保信息流的效率和标准化，必须推动信息标准化的进程，这包括统一物资编码和规范文件传输格式。同时，应建立一个全面的基础数据库，收录关键数据如道路、企业和人才信息，并保持数据的实时更新。

进一步地，应当基于互联网技术开发物流信息网络。利用物流公共信息平台，建立包括综合信息网、运输信息网和仓储信息网在内的信息网络；通过推广信息标准化建设，统一物资编码和规范化文件传输格式；建立一个详尽的基础数据库，详细记录所有相关方的信息，并由专业技术人员进行维护和实时更新；开发与应急物流相关的管理软件。

信息网络中心应依靠政府公共信息平台，建立一个全面的应急物流公共信息网络平台。这一平台能够与应急物流指挥中心及地震、气象、卫生防疫、环保、交通等部门保持紧密联系，以便及时获取关于各种自然灾害、公共卫生、生产事故、环境污染和交通状况的信息。此平台还应不断更新数据库，确保能够准确、及时、全面地发布政府公告和应急法规，包括关于灾害、气象、交通等的最新动态以及应急物资的价格和需求情况。该平台不仅是政府发布信息的场所，也是公众向政府反馈信息的有效渠道。信息网络中心作为应急物流指挥中心的核心部分，主要负责信息管理、网络系统的构建和维护工作，以及灾前、灾中、灾后情报的收集处理和应急物流中心信息的发布工作。

（二）广泛应用物流信息技术

结合 Web 和数据库技术，通过应用条码、射频识别（RFID）、地理信息系统（GIS）、全球定位系统（GPS）等信息技术，以及在各子系统模块中部署电子数据交换（EDI）、电子资金转账（EFT）、仓库管理系统（WMS）和运输管理系统（TMS）等，可以极大地提高应急物流的效率。空间信息技术如 GIS 和 GPS 的整合以及通信技术和 Web 技术的应用，是现代物流管理的显著特点之一。通过这些技术，物流信息资源可以共享，GIS 提供了一个强大的地理信息平台，已广泛应用于军事、土地管理、规划和旅游等领域。GIS 强大的空间定位功能，能够支持复杂的点和路径定位任务，对交通运输领域尤为重要。此外，综合运用通信和网络技术可以提高系统的实时性和安全性。GPS 技术在卫星定位和车辆导航领域已相当成熟，特别适合车辆定位。

在应急物流领域，尤其是在区域性自然灾害如地震或军事冲突影响的区域，交通环境常常遭受严重影响。例如，在"5·12"汶川大地震中，地震导致地形地貌发生显著变化，许多道路受阻，有些峡谷甚至形成湖泊，原有的道路和预定路线无法使用。此时，利用 GIS 和 GPS 即时获取受灾区域的交通信息至关重要，这对于提高物流效率和响应速度具有重大意义。此外，"5·12"汶川大地震期间，中国自主研发的北斗卫星导航系统发挥了关键作用，有效支持了应急响应和物资配送。

（三）使用数学模型

在配送中心选址、物资车辆调度、路径优化等问题上，使用数学模型的做法正在不断发展。目前，不仅使用传统的蚁群算法、禁忌搜索（TS）算法、免疫算法和启发式算法，还结合了新兴的算法，如深度学习和机器学习，以实现更加精确和自动化的决策过程。这些先进的数学模型能够处理大规模数据，提高应急物流系统的响应速度和效率。例如，深度学习模型能通过历史数据自我学习，预测未来的物流需求和潜在问题，从而优化库存管理和配送路线。此外，结合人机交互系统，使用计算机和电子化手段进行数字化、模型化科学决策，不仅提高了决策的速度，也提高了精确度和可靠性。这种综合应用的数学模型和信息技术，为应急物流管理提供了强大的科技支持。

（四）物流信息化人才的培养

在应急物流信息化建设中，人才短缺是一个主要制约因素。由于当前系统模式大多采用人机交互，需要熟悉信息技术和物流业务的复合型人才，这类人才在国内相对缺乏。随着信息技术在物流行业的广泛运用及应急物流信息需求的增加，对于此类复合型人才的需求日益加剧。因此，系统地加强对企业信息化人才的培养是改善当前物流信息化滞后状况的关键。

为有效培养物流信息化人才，应制订详细的培训计划，军民合作培养专业的物流信息人才。国家可以通过两种途径加强信息化人才的培养：一是，加快发展高等教育，确保物流专业和课程标准化，强化教师队伍和实验基础设施建设，完善物流人才培养体系；二是，规范推动物流职业资格认证，参考或引入国际上成熟的物流职业资格认证体系，加强对物流企业员工的岗前和在职培训。通过物流行业组织主导职业资格认证和培训，规范物流人才培训市场，提高培训质量。

此外，建立和完善应急物流信息保障预案也是一个重要因素。这需要综合总结过往经验和教训，设计科学且可操作的预案，全面考虑各种可能发生的情况，确保预案的实用性和有效性。

第三节 应急物流信息系统的开发

一、应急物流信息系统开发原则

在供应链管理的环境下，物流信息系统必须能够适应与不同节点企业的集成、业务流程和组织结构的不断重组，同时适用于跨地域的操作系统。因此，这类系统需要具备高度的可扩展性、兼容性和易集成性。在设计现代物流信息系统时，开发者必须遵循以下几个核心原则，以确保系统的效能和可靠性。

（一）系统性原则

物流信息系统的开发应从整体系统的视角出发，确保信息系统能够与物流的各项职能和组织结构紧密相关联。这意味着系统设计需要全面考虑到物流的所有关键环节，从采购到配送以及后期的客户服务，以实现最高的操作效率和信息流的最优化。

（二）完整性原则

（1）功能完整性。系统必须根据企业物流管理的实际需求设计，确保能够涵盖所有必要的功能，满足物流管理信息化的全面要求。这包括订单处理、库存管理、运输管理、客户关系管理等关键功能。

（2）系统开发完整性。制定一套完整的管理规范，包括文档管理规范、数据格式规范、报表文件规范等，确保系统的开发、运行和维护过程的一致性和可持续性。

（三）安全性原则

在系统设计和应用过程中，必须制定统一的安全策略，并采用先进的安全机制、技术和管理手段。由于物流服务中的许多业务需要通过互联网完成，特别是在电子商务的广泛应用背景下，系统的安全性尤为关键。这包括数据加密、防火墙、入侵检测系统和定期的安全审计等，以保护企业和客户数据不被非法访问或损害。

（四）物流信息标准化原则

为了实现供应链各企业间的信息共享和物流信息的有效传递，必须制定统一的信息标准。在信息技术快速发展的当下，供应链上的企业可以通过网络平台和先进的信息通信技术将制造商、供应商、代理商、业主以及客户紧密连接起来。这种连接不仅能够实时跟踪货品的供应和销售情况，还能进行动态管理和有效控制，从而优化采购和配送流程，加速物流流通，提高效率，降低成本，并努力实现零库存操作。这便是现代物流的核心价值所在。

因此，除了需要对信息通信技术相关的硬件设备制定统一标准外，还必须对各种基本术语、基本信息内容、信息接口以及安全保障措施等制定明确标准。如果没有统一的信息标准，就难以保证信息的准确收集、高效传输、合理整理和有效应用，从而真正实现现代物流的目标。现代通信技术支持的现代物流系统的成功运作，依赖这些标准的实施和遵循。

二、应急物流信息系统开发方法

物流信息系统的开发主要目的是创建物流业务流程与计算机信息管理模型之间的对应关系。从不同的视角出发，可以建立多种映射关系，形成多样的开发策略。常见的物流信息系统开发策略包括结构化系统开发方法、原型法和面向对象开发方法。这些方法各有其特点和适用场景，能够有效支持物流信息系统的设计与实施。结构化系统开发方法侧重于系统的逻辑结构，适合复杂系统的长期开发；原型法允许快速开发并持续迭代，适合需求不断变化的项目；而面向对象开发方法则强调数据与处理方法的封装，适用于可扩展性和可重用性要求高的系统开发。

（一）结构化系统开发方法

结构化系统开发方法（Structured System Development Methodology，SSDM）广泛应用于软件开发中，又称生命周期法，因为它将开发过程视为一个连续的生命周期。

1. 结构化系统开发方法的基本思想

结构化系统开发方法基于系统工程的原则，采用从上到下的模块化和结构化分析设计。这种方法首先将整个开发过程分为几个独立的阶段，如系统调查、系统分析、系统设计、系统实施等。前三个阶段强调自上而下的系统结构化分解，以确保管理业务的层次化和逻辑性。在系统调查阶段，从最高层的管理业务开始，逐步深入基层业务；在系统分析和系统设计阶段，先从宏观上优化整个系统，然后针对具体问题进行局部优化；到了系统实施阶段，则采用自下而上的方法，从基层模块开始编程和组装，逐步向上整合，最终构建出完整的系统。

整个开发生命周期内，每个阶段都有明确的目标和任务，且各阶段产生的文档既是该阶段的总结，也是下一阶段的基础。例如，开发过程可以被细分为系统调查、系统分析、系统设计、系统实施和系统维护五个主要阶段。每个阶段都必须产出相关的文档，为后续阶段提供依据和支持。

2. 结构化系统开发方法的特点

结构化系统开发方法特别注重自顶向下、逐步细化的策略，这不仅符合用户的思维模式和操作需求，还可灵活调整设计以适应用户需求的变化，从而降低风险并提高开发效率。其主要特点包括以下四点。

（1）自顶向下的分析与设计，自底向上的实施。在系统分析和系统设计阶段，从整体和全局的角度出发，采用自顶向下的方法进行，确保从宏观到微观的全面覆盖。系统实施阶段则根据设计要求，从具体的功能模块开始，逐步向上实现整体系统。

（2）深入调研和用户至上原则。开发前进行深入的实地调研，详细了解实际业务流程的每一个环节，基于此设计出科学合理的系统方案。开发过程中始终以用户需求为导向，确保系统设计既符合实际使用需求又科学合理。

（3）严格的阶段划分和工程化管理。将整个开发过程细分为明确任务和目标的多个阶段，每个阶段都有清晰定义的工作内容和目标。实际开发严格遵循这些阶段，确保开发活动按照工程标准进行，文档和资料的标准化也得到保证。

（4）预见性管理。由于系统开发是一个长期、资源密集的工作，任何外部环境（如组织内外部环境、信息处理技术、用户需求等）的变化都可能影响开发进程。因此，结构化系统开发方法强调在系统调查和系统分析阶段就要充分考虑未来可能的变化，确保所设计的系统具有适应这些变化的能力。

（二）原型法

原型，即系统模型，是一个缩影或简化版本的待开发实际系统，保留了大多数实际系统的功能。通过原型，可以在实际部署前对系统进行测试、检查和修改，直至其性能满足用户的需求。原型法（Prototyping Approach）是随着计算机软件技术的发展而形成的一种方法。与传统的结构化系统开发方法不同，原型法不强调对系统进行全面和详尽的调查与分析。相反，它依据开发者对用户需求的理解，迅速构建一个初步的系统原型。接下来，通过用户的反馈和系统的连续迭代修改，逐步完善系统功能，直至最终满足管理信息系统的要求。

1. 原型法的基本思想

原型法的核心理念在于通过与用户的紧密合作快速捕捉和理解用户的核心需求。这种方法主要是为了克服传统结构化系统开发方法中的一些缺陷，如开发周期过长和难以适应快速变化的用户需求。在原型法中，系统分析师和设计师与用户共同工作，以快速开发出一个初步且功能未完全实现的简易应用软件框架，即原型。

开发过程是迭代和循环的，涉及分析、设计、编程、运行和评估等步骤。这些步骤会反复进行，以不断地调整和完善原型，直至它能够满足用户的所有需求并优化用户体验。在这个过程中，开发团队将不断接收用户的反馈，并根据这些反馈进行调整，这有助于确保最终产品能够准确反映用户的实际工作流程和需求。

为了支持原型的快速开发和迭代，开发者通常会采用各种高效的软件开发工具和技术。当前市场上有多种工具可用于快速开发和修改原型，这些工具包括可视化编程环境、集成开发环境（IDE）和快速应用开发（RAD）等。这些工具的应用不仅加速了开发过程，还提高了开发的灵活性和响应速度，使得原型法在现代软件开发中尤为适用。此外，原型法特别适合那些需求不断变化或不完全明确的项目，因为它允许在开发过程中进行持续的需求调整和功能优化。

2. 原型法的特点

原型法采用了自下而上的开发策略，这种方式通常更容易获得用户的接受和支持。这种方法的主要特点包括以下五点。

（1）用户参与。原型法在整个系统的生命周期中，特别强调用户的积极参与。用户不仅参与需求分析和系统设计的早期阶段，还深入参与系统的详细设计和开发过程，这有助于提高用户对系统的理解和接受度，同时减少开发过程中的风险。

（2）灵活性。原型法在用户需求分析、系统功能描述以及实现方法上提供了极高的灵活性，这在大型项目开发中尤为重要。对于需求复杂或不易一次性明确的项目，通过迭代原型来逐步精确需求和功能，显著提高了项目成功的可能性。

（3）迭代开发。引入迭代概念允许系统开发过程中的持续改进，无论是重新开发还是对现有系统的修改，甚至可以专注于系统的特定部分，使得整个开发过程更加灵活和响应用户需求。

（4）系统整体构建。原型法不仅局限于计算机系统方面的设计，还包括制作整个工作系统的模型，使开发团队能够在实际环境中测试和优化系统。

（5）传统方法的整合。原型法并不排斥在传统生命周期开发方法中行之有效的技术和工具，而是视其为互补的策略。在实际应用中，常将原型法与传统方法结合使用，以综合利用两者的优势。

基于这些特点，原型法使得项目能够更好地适应复杂和动态变化的需求，同时保持开发的高效性和系统的可靠性。

（三）面向对象开发方法

面向对象开发方法（简称 OO 方法）采用面向对象的理念来进行软件开发，这种方法把系统分解为对象，每个对象都是数据和允许的操作的封装体，直接映射现实世界的实体。通过定义对象类，这种方法可以将具有共同特性的对象归类，并通过继承机制，在类之间共享属性和操作，从而构建出有层次的类结构。

面向对象开发方法的核心思想是模拟现实世界，通过分析问题领域并将其分割，建立模型来模拟结构和行为。这种自然而人性化的建模方法使得最终的软件设计更直观地反映问题解决过程。

这种开发方法强调现实世界可视作由不同对象组成，每个对象都具备独立的状态和行为规律。通过对象间的相互作用，形成多样的系统。在设计软件系统时，最理想的方案是构建一个由不变（固定）组件构成的最小集合，这些固定组件即是对象。

面向对象开发方法的主要特点如下。

（1）对象作为抽象的核心。软件系统是根据问题领域中的客观事物构建的，每一个对象都是对这些事物的一种抽象。对象的属性代表了事物的静态特征，而对象的方法（服务）代表了事物的动态特征。属性和方法的结合使对象成为一个独立且封闭的实体，隐藏了内部的复杂性。

（2）类与实例的关系。将具有相同属性和服务的对象归类，形成一个类。类是对对象的一种抽象，而每个对象是其类的一个具体实例。

（3）面向对象语言的应用。开发过程主要是设计和创建类及其实例。不同于传统的面向过程方法，面向对象开发方法将数据和其操作视为同等重要，强调以数据为中心的程序设计。

（4）消息传递机制。对象之间通过消息传递进行通信。一个对象发出消息后，接收对象负责处理。这种机制允许接收对象不必将处理结果返回给发送对象，从而支持并行执行，提高执行效率。

（5）封装和信息隐藏。对象的内部状态和功能实现对外部是隐藏的，外界只能通过发送消息来调用对象的功能或查询其状态，增强了程序的安全性和独立性。

（6）继承机制。继承性确保了程序结构的紧凑性和类间关系的清晰性。每个新创建的类都是现有类的子类，形成了一个层次结构。上层类反映了下层子类的共性特征，而下层类继承并共享父类的属性和方法，同时可能有自己的特殊属性和方法。

（四）三种开发方法的比较

通过以上分析可见，结构化系统开发方法、原型法和面向对象开发方法各有千秋（见表5-1）

表 5-1　三种系统开发方法的比较

方法名称	结构化系统开发方法	原型法	面向对象开发方法
开发思想	自上而下、结构化	先开发具体的模块再构成整体系统	根据已有知识和系统调查情况，抽象对象
认知方法	从一般到特殊	从特殊到一般	从特殊到特殊
优点	强调在整体优化前提下"自上而下"地分析和设计；遵循用户至上原则；严格区分系统开发的阶段性；每一阶段的工作成果是下一阶段的依据，便于系统开发的管理和控制；文档规范化，按工程标准建立标准化的文档资料	符合人们认识事物的规律，系统开发循序渐进，反复修改，确保较好的用户满意度；开发周期短，费用相对较少；由于有用户的直接参与，系统更加贴近实际；易学易用，减少用户的培训时间；应变能力强	面向对象开发方法描述的现实世界更符合人们认识事物的思维方式，因而用它开发的软件更易于理解、易于维护；面向对象的封装性在很大程度上提高了系统的可维护性和可扩展性；面向对象的继承性大大提高了软件的可重用性
缺点	用户素质或系统分析员和管理者之间的沟通问题；开发周期长，难以适应环境变化；结构化程度较低的系统，在开发初期难以锁定功能要求	不适合大规模系统的开发；开发过程管理要求高，要经过"修改—评价—再修改"的多次反复；开发人员易将原型取代系统分析；缺乏规范化的文档资料	不易于大系统的开发
适用范围	主要适用于规模较大、结构化程度较高的系统的开发	适用于处理过程明确、简单的系统；涉及面窄的小型系统	流行的开发方法，适用面很广

在不同的系统开发方法中，每种方法的步骤和要求都有所不同。

（1）结构化系统开发方法。此方法首先需要进行问题调查，接着从功能和流程的角度进行问题的分析、理解和优化。最终，设计和实施系统。这种方法着重于问题的功能性和流程性，旨在创建结构清晰、逻辑严密的系统。

（2）原型法。在使用原型法时，首先需要用户描述问题，然后利用软件工具快速构建出一个问题原型。开发团队将与用户一起运行和评估这个原型，根据反馈进行即时修改，直至用户满意。最后，进行系统的优化和整理。这种方法特别适用于需要频繁用户交互和反馈的场景。

（3）面向对象开发方法。开发过程开始于问题调查，紧接着从抽象对象和信息模拟的角度分析问题。问题被划分为不同的对象和类，根据它们的属性和性质进行分类，并明确它们之间的信息联系。最后，利用面向对象的软件工具实施系统。这种方法注重对象的封装、继承和多态性，适合处理复杂的系统开发，通常与其他开发方法结合使用。

因此，原型法在开发工具方面的要求较高，尤其适合于开发中小型的物流信息系统。面向对象开发方法虽然对工具也有较高要求，但其灵活性和可扩展性使其成为与其他方法结合使用的良好选择。虽然结构化系统开发方法存在一些局限性，但其全面支持整个系统的开发过程，仍是当前最流行的方法之一。

第四节 应急物流的关键技术

物流信息技术是现代物流行业不可或缺的一环，它将现代信息技术广泛应用于物流的各个环节，体现了物流行业的现代化、信息化和集成化。这一技术的应用从基本的条码系统、自动识别与数据采集技术开始，覆盖到物流运输设备的自动跟踪技术，极大地提高了物流操作的效率和准确性。

进一步而言，物流信息技术涵盖了从企业资源的计划优化到企业间电子数据交换的广泛功能，包括但不限于高度自动化的办公系统、使用微型计算机、互联网和各类终端设备的硬件配置，以及为物流服务定制的各种软件系统。这些技术的发展和应用，使得现代物流与传统物流有了根本的区别，也使物流信息技术成为物流技术中发展速度最快的领域之一。

具体来说，现代物流信息技术的架构主要包括通信技术、软件技术以及面向行业的业务管理系统。这些系统的集成应用提供了从自动跟踪与定位技术到自动识别技术，再到涉及企业资源信息技术的多层面优化方案，如物料需求计划（MRP）、制造资源计划（MRP Ⅱ）、企业资源计划（ERP）、分销资源计划（DRP）及物流资源计划（LRP）等。此外，数据管理技术如数据库和数据仓库技术，以及计算机网络技术也是不可分割的一部分。

在这些高端计算机技术的支持下，现代物流管理体系已经形成了一个多方位集成的信息技术体系，包括移动通信、资源管理、监控调度管理、自动化仓储管理、业务管理、客户服务管理、财务管理等多个方面。这种一体化的现代物流管理体系不仅提高了物流行业的整体运作效率，也增强了业务流程的透明度和可追踪性，为企业带来了前所未有的竞争优势。

一、集成技术

在电子商务物流领域，集成化的物流系统是指将物流功能通过结构化的综合布线、计算机网络技术、独立的设备（如个人计算机）以及信息等整合成互联、统一且协调的系统，以便资源能够得到充分利用，并实现集中、高效、便捷的管理。物流企业通常会采用包括功能集成、网络集成和软件界面集成在内的多种技术来实现这一目标。

在中国，广泛采用的物流系统集成模式是多点对多点的系统。由于物流企业涉及跨行业、跨地区的特点，它们需要实现多领域、多地区之间的信息互通。目前的方法主要是实现尽可能多的两点之间的连接，确保运输企业与仓储企业，以及仓储企业与指挥系统之间能够实现及时的信息交换。多数物流企业期望通过这种模式来优化客户管理系统和内部管理系统。电子数据交换（EDI）系统是集成技术的典型代表。

电子数据交换是指采用电子方式，基于标准化的格式，通过计算机网络进行结构化数据的传输和交换。它依照统一的标准化格式，使得贸易伙伴间的计算机系统能够进行高效的数据交换和自动处理。将EDI与企业管理系统相结合，可以显著提高企业的管理效率。

EDI通过存储转发的方式处理订单、发票、提货单、海关申报单、进出口许可证、货运单等数据，这些数据以标准化的格式在计算机和通信网络中传递、交换和处理。这一过程替代了传统的手工信息处理和纸质文档的邮寄交换，从而加速了交易流程，避免了重复操作，减少了人为错误，提高了工作质量，同时降低了库存和运营成本。此外，它还释放了从事烦琐手工工作的人员的时间，让他们能够专注于更有价值的工作。

EDI报文采用结构化数据，并按照EDI标准进行格式化。用户在将数据提交至网络之前，需要将其从内部数据库的专用格式转换为无格式的数据文件，然后使用翻译软件将这些数据文件转换成标准的EDI报文格式。接收系统则执行相反的转换过程，将EDI报文中的数据插入或更新到相应的数据库表中。

EDI 技术的实施需要一个标准化的环境。这些标准涵盖了网络通信、处理、联系以及语义语法等方面。全球广泛采用的 EDI 标准是 EDIFACT，它已被视为实际的 EDI 国际标准。企业提供商品和服务信息的数据结构，然后专业人员根据 EDIFACT 标准选取相关的报文、段和数据元，以确定 EDI 报文的最终格式。

EDI 网络服务中心，也称 EDI 中心，负责处理用户的业务数据和 EDI 信息，将其翻译并分发至目的地。作为 EDI 业务的第三方中介，EDI 中心提供了 EDI 增值网服务、信息服务以及其他业务服务，是用户间连接的关键节点。EDI 中心不仅是一个大型的信息交换中心，提供全面的 EDI 服务，保证信息交换的可靠性，还要具备权威性和合法性，起到类似信息公证机构的作用。企业可以通过数字数据网（DDN）、综合业务数字网（ISDN）等方式连接 EDI 中心，并使用文件传输协议（FTP）或电子邮件与 EDI 中心交换 EDI 报文。可见，EDI 中心在 EDI 技术的应用与发展中扮演着至关重要的角色。

在应急物流领域，EDI 的基础数据标准是确保数据交换一致性和互操作性的关键。这些标准涵盖了 EDIFACT 代码表、EDIFACT 数据元目录、EDIFACT 复合数据元目录、EDIFACT 段目录等组成部分。

EDI 的描述语言标准则是为了定义电子数据交换的语法规则，确保数据在不同的系统和应用程序之间能够被正确解析和处理。这些标准包括以下十点。

（1）EDIFACT 应用级语法规则第 1 部分：公共的语法规则。

（2）EDIFACT 应用级语法规则第 2 部分：批式电子数据交换专用的语法规则。

（3）EDIFACT 应用级语法规则第 3 部分：交互式电子数据交换专用的语法规则。

（4）EDIFACT 应用级语法规则第 4 部分：批式电子数据交换语法和服务报告报文（报文类型为 CONTRL）。

（5）EDIFACT 应用级语法规则第 5 部分：批式电子数据交换安全规则（真实性、完整性和源的抗抵赖性）。

（6）EDIFACT 应用级语法规则第 6 部分：安全鉴别和确认报文（报文类型为 AU-TACK）。

（7）EDIFACT 应用级语法规则第 7 部分：批式电子数据交换安全规则（保密性）。

（8）EDIFACT 应用级语法规则第 8 部分：电子数据交换中的相关数据。

（9）EDIFACT 应用级语法规则第 9 部分：密钥和证书管理报文（报文类型为 KEY-MAN）。

（10）EDIFACT 应用级语法规则第 10 部分：语法服务目录。

（11）EDIFACT 语法实施指南。

此外，EDI 电子单证格式标准定义了报文的设计指南与规则及报文目录，确保了报文的标准化和一致性。

EDI 的注册与维护标准包括技术评审指南、数据维护请求评审程序等，这些标准有助于确保 EDI 系统的稳定性和数据的一致性。

最后，EDI 管理标准涉及远程传输贸易数据交换用统一导则以及电子数据交换的国际商用交换协议样本，这些标准为物流企业提供了一套国际通用的规则和协议，以确保数据交换的高效和顺畅。

二、自动跟踪与定位类技术

（一）地理信息系统

地理信息系统（GIS）自 20 世纪 60 年代中期起发展，基于地理坐标系统，展现了卓越的空间数据处理功能。GIS 通过地理空间数据，使用地理模型分析方法，及时提供多样的空间和动态地理信息，支持地理科学研究和决策。其核心功能在于将数据库、电子表格或直接输入的表格型数据转化为地理图形显示，并允许用户对这些数据进行浏览、操作和分析。

在物流分析领域，GIS 的应用尤为广泛，通过其先进的地理数据分析功能，极大地增强了物流分析的能力。一些国际企业已经开发出利用 GIS 进行物流分析的专业软件，这些软件整合了车辆路线模型、网络物流模型、分配集合模型以及设施定位模型等功能。

GIS 物流信息系统的主要功能包括以下四点。

（1）辅助决策分析。GIS 提供包括历史、当前、空间及属性信息的全方位数据，整合这些信息进行销售、市场、选址及潜在客户分析等空间分析，提供详尽的客户资料和相关企业数据。这帮助企业制定更有效的生产与销售策略，提高决策的准确性和效率。

（2）优化货物运输路径。物流网络中的货物持续流动，从供应商到分销中心，再到商场或消费者。选取合适的运输路线直接影响物流成本。GIS 通过层次分析法评估选择最优路径的因素，如经验时间、距离、道路状况和拥挤程度等，并基于现有车辆运行状况制订调度计划。

（3）实时监控车辆与货物。GIS 能处理 GPS 系统传送的数据，将其展示在电子地图上，实现对运输车辆的实时监控、定位、跟踪和调度优化。这有助于确保货物按时送达，减少迟送或错送现象。此外，企业可利用电子商务网站的订单信息、供货点数据进行全程货物跟踪，提升供应链透明度和控制能力，增加客户满意度。

（4）选择机构设施地理位置。在物流领域中，供应商、第三方物流企业、配送中心、销售商的地理位置选择至关重要，直接关系到企业的经济效益和发展。选择合适的机构设施地理位置涉及位置的评估和优化，需要在城市交通图上标示出居民地点和现有及潜在的供货点，使用二元矩阵分析供应点的分布，并通过矩阵约简方法优化供货点的数量和位置，确保有效覆盖目标区域。

GIS 的物流配送系统结合了一系列精确的模型，这些模型帮助物流和供应链管理者优化决策过程，具体包括以下五点。

（1）设施定位模型。该模型专注于在物流网络中确定最佳的仓库位置。仓库位置不仅影响运输路线的有效性，还关系到整个供应链的成本效益。通过分析区域内的供需情况、运输成本、接近市场的便利性以及地价等经济因素，决策者可以决定在何处以及如何设置仓库，以及它们之间应如何协同工作，从而优化库存和运输成本。

（2）车辆路线模型。该模型用于设计一个起始点到多个终点的货物运输路线，目的是最小化运输成本并保证货物按时送达。它通过算法优化，考虑路线的距离、交通状况、货物类型和运输成本等因素，计划出最经济有效的路线。

（3）网络物流模型。该模型关注于如何高效地配置货物流向，确保从多个仓库到多个目的地的货物分配既满足需求又节约成本。它分析了仓库存储能力、商店需求量、运输成本及时间等，通过优化模型选择最佳货物流动路径，并决定需要的车辆数及其路线配置。

（4）配送区域划分模型。该模型依据地理位置和市场需求因素，把相似特征的地区组合在一起，以此确定各分销点的服务范围和市场覆盖区域。这有助于企业针对特定区域定制营销和分销策略，确保客户群体均衡覆盖，优化资源分配和增加市场渗透率。

（5）空间查询模型。该模型用于分析地理位置数据，识别特定半径范围内可用的配送中心数量，帮助物流管理者选择最近的配送中心。这种查询功能使得企业可以更有效地安排配送路线，减少配送时间和成本。

这些模型的综合应用，不仅提高了物流配送的效率和经济性，还增强了服务质量和顾客满意度，为企业带来了竞争优势。

（二）全球定位系统

全球定位系统（GPS）是美国从 20 世纪 70 年代开始研制的一种先进的卫星导航

系统。经过 20 多年的发展和投资约 200 亿美元，GPS 系统于 1994 年全面建成。这一系统现在全球范围内提供精确的三维位置、速度和时间信息，覆盖从地面到 9000 千米高空的任一载体。在车辆上安装的车载单元通过接收至少三颗卫星的信号，可以准确计算出车辆的位置（经度和纬度）和时间信息。

GPS 技术在过去十年中，特别是在中国的测绘等部门得到了广泛的应用。它的全天候操作、高精度、自动化和高效益等特性，使其成为各行各业，特别是物流领域中的重要工具。在物流管理中，GPS 的应用包括但不限于自动车辆定位、货物跟踪、铁路运输管理以及军事物流等方面。

车辆跟踪和定位系统尤其突出，它为用户提供了包括目标定位、监控、调度、报警、信息沟通及车辆管理在内的多种服务。这些系统被广泛用于优化物流和配送策略，提高运输效率，并减少延误和损失。GPS 技术的这些应用已被视为 GPS 未来发展的重要方向之一。

近年来，随着技术的进步和物联网的发展，GPS 技术已经与互联网、大数据和人工智能技术相结合，进一步增强了其在物流监控管理系统中的应用。这种集成应用使得物流公司能够实时跟踪货运车辆和货物的运输状况，提供实时数据分析和决策支持，极大地提高了物流过程的透明度和运营效率。同时，通过智能算法优化路线和调度，GPS 技术有助于降低运营成本和增强系统的环境可持续性。

此外，GPS 技术的发展也带来了一系列新的隐私和安全问题，特别是在个人位置信息和车辆追踪方面。因此，随着技术的普及，对于如何合理利用这些技术同时保护个人隐私和数据安全成了新的挑战。

三、自动识别类技术

（一）条码技术

1. L 码简介

L 码技术，又称条形码技术，由美国的 N. T. Woodland 在 1949 年首次提出，至今已成为全球范围内广泛使用的数据表示和自动识别技术。L 码技术利用一组规则排列的条纹和空白（条码）及其对应字符来标记和表示特定信息。根据《GB/T 12905—2000 L 码术语》，这种技术的核心是通过条纹的排列和组合编码信息。

L 码主要分为一维 L 码和二维 L 码两大类，各有其独特的应用和优势。

（1）一维 L 码：一维 L 码由一系列黑白相间、宽窄不同的条状符号组成，这些条纹在一维方向上通过不同的排列组合存储信息。这种编码方式能够被机器快速读取，并容易转换成机器可处理的二进制或十进制数字。一个典型的一维 L 码包含两侧的空白区域以便于扫描设备识别起始和终止位置，起始符号，一系列代表数据的字符，可选的校验字符用于检测错误，终止符号，以及可供人眼识读的字符。这种 L 码的应用广泛，见于零售、库存管理、物流跟踪等多个领域。

（2）二维 L 码。相比于一维 L 码，二维 L 码在一个平面上（二维方向）使用特定的几何图形按照一定的规律排列黑白相间的图形，以此来记录数据和符号信息。二维 L 码通常使用多种与二进制数据相对应的几何形体来表达文字和数值信息，能够存储更多的信息并支持更复杂的数据类型，如网址、图片等。由于其结构复杂，二维 L 码通常通过图像输入设备如相机或光电扫描器进行读取，从而实现信息的自动处理。二维 L 码如 QR 码、Data Matrix 等在现代应用中尤为重要，广泛应用于移动支付、广告媒体、产品追踪等高科技领域。

L 码技术不仅是信息自动处理的有效工具，还对提高电子设备的可靠性、保障性和研发周期缩短提供了重要的参考价值。这种技术的普及和应用，标志着信息处理和自动识别技术在全球范围内的快速发展和应用深化，极大地提高了各行各业的运营效率和管理水平。

2. 二维条码特性

二维条码技术已成为现代数据管理和信息传输的重要工具，具有以下详细的功能特点。

（1）高信息密度。二维条码通过利用垂直方向的数据存储空间，极大地增加了信息的存储密度。这种设计允许在一个相对较小的空间内编码大量的数据，从而能存储复杂的信息如全面的产品详情、用户指南等。用户通过扫描一个简单的二维码就能迅速获取这些信息，这一点在零售业和制造业中尤其有用，因为它简化了产品跟踪和库存管理，同时为消费者提供了即时的产品信息，无须依赖任何外部数据库的支持。

（2）纠错能力。二维条码具备强大的纠错能力，这意味着即使条码被部分破坏，如划伤、污染或穿孔，依然可以正确读取信息。这种能力源于内置的高效纠错算法，类似那些用于卫星通信的算法。这种纠错功能确保了二维条码在物流、邮政服务和零售业等领域中的可靠性，即使在条码因使用或环境因素而损坏的情况下也能保持功能。

（3）多语言支持。二维条码通过支持字节模式，可以将全球各种语言的文字转化为字节数据进行编码。这一功能使得二维条码可以容纳不同语言的信息，支持全球化业务操作，从而在国际贸易、全球营销和多语言服务中发挥关键作用。

（4）图像数据表示。二维条码能够编码图像数据，如照片和指纹等，使得这些数据可以通过条码形式进行存储和传输。这一点在安全验证、个人身份识别及数字版权管理等领域尤为重要，因为它允许将图像数据直接绑定到个人或产品上。

（5）加密功能。二维条码支持加密处理，这提升了数据的安全性，尤其是在涉及敏感信息时。例如，在将个人照片或机密文档编码成二维条码前，可以先进行加密处理，确保只有通过适当的解密算法才能访问原始数据。这对于防止重要信息如身份证件、安全卡片等被伪造或未经授权访问提供了额外的保护层。

综上所述，二维条码技术因其多功能性和高效率，在现代社会的各个领域中发挥着越来越重要的角色，特别是在信息密集和安全性要求高的环境中。

3. 二维条码应用

二维条码是一种极为高效的数据编码系统，它具备众多突出优势：能够存储大量信息、保障数据高度保密、具有强大的追踪能力、表现出卓越的抗损性、成本低廉且易于备份。这些特性使二维条码在全球范围内得到了广泛应用，涉及多个行业和领域。

具体来说，二维条码能有效减少手工输入表单数据时的错误，确保信息录入的准确性，极大地提高行政效率和数据处理速度。此外，其加密功能保护敏感信息安全，防止数据泄露，这在金融服务、医疗保健及政府机构中尤为重要。二维条码的追踪能力强大，可以应用于物流管理和供应链管理，追踪从原材料到成品的每一步，确保生产的透明度和效率。

在证照管理方面，二维条码可以存储个人身份和官方文件信息，简化登记和核查过程，提高公共安全和服务质量。同样，在存货盘点应用中，二维条码自动化了库存管理，减少了人力需求和潜在的错误，优化了资源配置。

此外，随着智能手机的普及，二维条码还被广泛用于移动应用，用户只需通过手机摄像头扫描条码即可获取信息，执行如网上购物、获取产品详情、下载应用或是访问网站等操作。商家也利用这一技术在广告、杂志和个人名片中嵌入条码，用户"扫一扫"即可获取相关内容，这种方式为现代营销添加了一种互动性强、响应速度快的新元素。

综上所述，二维条码以其独特的优势和广泛的应用，提供了一个无缝且高效的技术解决方案，特别适合那些需要快速、准确处理数据以及高移动性需求的现代业务环境。

4. 二维条码标准化组织及工作介绍

IEC SC31 是一个全球性的重要组织，主要负责制定二维条码的国际标准。该组织下的 ISO/IEC JTC1 SC31 分委员会专门负责制定基础性与通用性的二维条码标准，中国作为该委员会的活跃成员之一，参与了多个标准的制定。这些标准覆盖了数据格式、结构、语法以及编码等多个技术领域，并针对不同行业特定的设备和需求制定相应的标准。

此外，其他组织如 EPCglobal 专注于自动数据识别技术的标准化，尤其关注于解决供应链管理中的透明度和追踪性问题。EPCglobal 的努力推动了"物联网"系列标准的发展，这些标准在全球范围内得到了广泛应用和认可。

同时，国际电信联盟（ITU）、万国邮政联盟（UPU）、美国国家标准协会（ANSI）等多个国际和区域性标准化机构也根据自身特定的需求参与自动识别技术标准的制定。这些机构的工作不仅限于物流供应链中的单品标识，还涉及证件防伪、动物管理、食品医药安全以及固定资产管理等多个重要领域。

通过这些组织的共同努力，全球的自动识别技术标准得到了系统化和规范化的发展，为不同行业提供了重要的技术支持，确保了相关产品和服务的国际兼容性和互操作性。这不仅有助于提高各行各业的效率，也促进了全球经济的整体发展。

（二）扫描技术

在应急物资管理领域，自动识别技术发挥着至关重要的作用，其中扫描处理是核心环节之一。通过扫描设备捕获条码信息，并将其转换为可操作的数据，这一技术极大地提高了物资管理的效率和准确性。在应急物流中，扫描技术的应用主要体现在以下两个关键方面。

一方面，应急物资的零售点（Point of Sale，POS）应用至关重要。在应急物资的分发和销售过程中，扫描技术不仅仅用于快速打印分发收据，更重要的是它在精确的库存管理中发挥着核心作用。通过扫描物资的条形码，可以实时监控物资的分发动态，确保库存数据的准确性，并将这些关键数据迅速传递给供应链各方。这一过程显著降低了不确定性，有助于提高库存管理水平，避免物资短缺或过剩。

另一方面，应急物资的搬运和跟踪是扫描技术的另一重要应用场景。在物资搬运和分配过程中，工作人员利用扫描枪实时监控物资的流动轨迹，包括存储位置、装运状态、分发和接收情况。这种自动化的追踪系统不仅大幅减少了手工跟踪所需的时间，降低了劳动强度，而且极大提高了物资管理的准确性和响应速度。

自动识别技术在应急物资管理中的优势包括以下四点。

（1）对于物资调配方，自动识别技术能够提高订单处理速度，减少分发错误，节约人力资源，改善记录管理，并缩短物资调配时间。

（2）对于物资运输方，自动识别技术确保了运输费用账单信息的准确性，允许客户实时获取物资动态信息，优化了运输活动的记录，监控运输流程，简化了运输工具和集装箱的管理，并缩短了信息传递时间。

（3）在仓储管理方面，自动识别技术提升了订单准备、处理和装运的效率，实现了精确的库存控制，确保了客户能够实时获取信息，安全地存取数据，降低了劳动成本，并保证了库存数量的准确性。

（4）对于分销商和零售商，自动识别技术确保了库存单位的准确性，保证了销售点的价格标识正确无误，减少了操作时间，并提升了系统的整体灵活性和响应速度。

通过这些优势，自动识别技术在应急物资管理中发挥着关键作用，提高了整个供应链的透明度、效率和响应能力。

（三）射频识别技术

1. 射频识别技术在应急物资管理中的应用概述

射频识别（RFID）技术是一种先进的非接触式自动识别技术，它通过射频信号远距离自动识别目标对象并捕获其相关数据。RFID 技术虽然起源于"二战"时期，但近年来在技术进步和应用创新的推动下实现了快速发展。该技术通过网络实现了物品（尤其是应急物资）的自动识别以及信息的互联与共享，极大地提高了供应链管理的效率。

在应急物资管理领域，RFID 技术展现出显著的优势。例如，在紧急情况下，RFID 技术能够快速扫描成批带有标签的物资托盘，无须逐个扫描，显著提高了物资调配的速度和准确性。此外，RFID 技术还具备在恶劣环境下稳定工作的能力，如在工厂流水线上使用短距离射频产品跟踪物资，或在交通领域利用长距离射频产品进行自动收费和车辆身份识别。

RFID 系统主要由以下几个核心部分组成。

（1）射频标签（Tag）。由天线和芯片构成，每个芯片内嵌有独一无二的识别码，并存储必要的电子数据。在应急物资管理中，这些标签被附着在物资包装或物资表面上。

（2）读写器（Reader）。根据应用需求，使用特定的通信协议来读取和写入标签信息。读写器通过网络系统与后台通信，实现标签信息的获取、解码、识别和数据管理。根据使用场景，读写器分为手持便携式和固定式。

（3）数据管理系统。负责数据信息的存储、管理以及对标签读写操作的控制，确保信息的准确性和安全性。

射频标签与读写器之间的通信是通过耦合元件在空间中（非接触式）实现射频信号的耦合。在这个耦合通道内，能量和数据根据严格的时序关系进行传递和交换，确保了自动识别过程的流畅和高效。

通过 RFID 技术的应用，应急物资管理能够实现更高的透明度、效率和响应速度，为紧急情况下的快速反应和资源优化配置提供了强有力的技术支持。

2. RFID 系统在应急物资管理中的特点与优势扩展

RFID 技术作为信息技术领域的一项革命性进展，其在应急物资管理中的应用正逐渐展现出其独特的价值和潜力。相较于传统物流信息采集方法，RFID 技术提供了一种更为高效、准确的解决方案。

（1）提高信息采集效率与准确性

在传统的物流管理中，物资信息的采集往往依赖人工核对和数据输入，这不仅耗时耗力，而且容易引入人为错误。RFID 技术的引入，通过自动化的数据识别与采集，显著提高了信息处理的速度和准确性，减少了因手工操作导致的错误。

（2）超越传统识别技术的优势

与条码、IC 卡、光卡等其他自动识别技术相比，RFID 技术拥有以下显著优势。

①快速便捷的读取。RFID 技术能够实现对标签的快速读取，甚至在标签被遮挡或视线受阻的情况下也能完成识别。

②高速识别。RFID 系统能够同时识别多个标签，极大地提高了物资流转速度。

③大数据容量。RFID 标签可以存储更多的信息，包括物资的详细描述、批次号、有效期等。

④长久的使用寿命。RFID 标签设计耐用，能够在恶劣环境下保持较长的使用寿命。

⑤广泛的应用场景。RFID 技术适用于各种环境，包括室内、室外、高湿、高温等，为应急物资管理提供了广泛的应用可能。

⑥标签数据的动态可更改性。RFID 标签上的数据可以被读写器动态更新，便于实时反映物资状态的变化。

⑦高度的安全性。RFID 技术具备多种安全机制，如加密通信、电子防伪等，保障

了物资信息的安全性。

⑧动态实时通信能力：RFID技术支持实时数据传输，使得物资的监控和管理更加及时和有效。

（3）应急物资管理的特定优势

在应急物资管理的具体应用中，RFID技术还展现出以下特定优势。

①快速响应。在紧急情况下，RFID技术能够迅速对大量物资进行识别和调配，提高应急响应速度。

②物资追踪与溯源。RFID技术使得物资从生产、存储到分发的每一个环节都能被追踪和记录，便于实现物资的溯源管理。

③库存管理优化。通过实时更新的库存信息，RFID技术帮助管理者更准确地掌握物资存量，优化库存管理。

④减少物资浪费。准确的库存信息和高效的物资调配机制减少了因过剩或过期造成的物资浪费。

综上所述，RFID技术在应急物资管理中的应用，不仅提高了物资管理的效率和准确性，还增强了对物资流转过程的监控能力，为应急管理提供了强有力的技术支持。随着技术的不断发展和成熟，RFID技术有望在应急物资管理领域发挥更加重要的作用。

第六章　应急物资储备企业的评估与选择

第一节　应急物资储备企业的生产能力评估

应急物资的生产能力储备是一项关键的准备工作，主要由政府负责统筹，企业具体执行。这一过程通常涉及政府与企业之间签订生产能力储备协议。根据这些协议，当面临突发事件时，签约企业需能够迅速增加生产量或转换生产线，以生产所需的救灾物资，从而迅速应对物资短缺的问题。

企业的生产能力实际上是一个潜在的指标，它可能受到多种因素的影响。例如，在正常运营情况下，生产设备是否在满负荷运行、技术工人是否超负荷工作，以及企业是否储备了足够的专业技术人才，这些因素都可能对企业的生产能力产生重要影响。

因此，在筛选应急物资生产能力储备企业的过程中，必须综合考虑应急物资需求的具体特点和影响企业生产能力的关键因素。这包括但不限于企业的现有生产规模、技术水平、人力资源和管理能力。通过对这些因素的细致分析和评估，可以确定企业是否具备在紧急情况下迅速扩大生产或转产的能力。

一、企业生产能力评估的意义

在选择应急物资生产能力储备的企业时，首要步骤是对该企业的生产能力进行全面评估。这一评估不仅决定了企业是否有资格成为应急物资的生产能力储备单位，还为政府相关部门提供关键决策依据。以下是对企业生产能力评估重要性的详细阐述。

（一）明确企业的生产能力

评估企业的生产能力是判断其是否适合成为应急物资生产能力储备企业的核心步骤。在进行评估时，要重点考察企业的设备现代化程度、管理效率、技术水平以及技术人员的专业能力。如果企业存在设备陈旧、管理落后、技术老化或技术人员素质不高等问题，即便当前能够维持生产，也可能无法满足紧急情况下的生产需求。

（二）科学制定应急物资生产能力储备的依据

生产能力储备的科学制定基于区域风险评估，结合应急物资的需求量、需求时间以及各类储备的比例结构。这一过程涉及确定实物储备和生产能力储备的合适比例，进而决定需要储备的数量。对企业生产能力的评估有助于明确企业是否具备满足这些需求的能力，为选择合适数量和类型的企业作为生产能力储备单位提供依据。

（三）确保企业生产能力与应急需求相匹配

在灾害尤其是大规模灾害发生后，对应急物资的需求量会急剧增加。这就要求被选为生产能力储备的企业能够在必要时迅速扩大生产规模，确保按时、按质、按量完成政府下达的生产任务。通过评估企业的生产能力，可以及时发现生产过程中的潜在问题，如生产计划的延误，识别生产流程中的瓶颈环节。这为企业提供了有针对性的信息支持，帮助其通过流程优化和生产效率提高来满足应急生产需求。

（四）评估流程的持续优化

对企业生产能力的评估是一个持续的过程，它不仅在初始选择阶段至关重要，而且在后续的储备管理中也发挥着关键作用。定期的评估可以帮助监测和确保企业生产能力与不断变化的应急需求保持同步，确保应急物资供应链的弹性和可靠性。

总之，对企业生产能力的评估是确保应急物资生产能力储备有效性的关键步骤，它有助于政府做出明智的决策，选择能够迅速响应并满足紧急需求的企业，从而提高整个应急物资管理体系的效率和效果。

二、基于应急物资生产能力储备的企业生产能力评估指标

（一）企业生产能力的影响因素

在企业的实际生产活动中，生产能力的高低受到多种因素的影响，这些因素既包括企业内部条件，如人力资源配置、设备状况、管理水平等，也包括外部环境因素，如市场的需求变化。这些因素中，有些是客观存在的，如设备的先进程度；有些则是主观的人为因素；一些因素可能不易察觉，而另一些因素则显而易见。所有这些因素都可能以不同的方式，共同作用于企业的生产能力。

生产活动是企业经营管理体系中的重要组成部分，它与其他经营活动相互联系、相互影响。生产过程中的任何一个环节出现问题，都可能对其他环节产生连锁反应，最终影响整个企业的生产能力。企业的生产设备、技术水平、操作人员以及原材料供应等，构成了企业生产能力的基础，从根本上决定了企业的产能水平。

除了这些决定性因素外，原材料供应的稳定性、生产方式的合理性、生产环境的适宜性等，也是影响企业生产能力的重要因素。尽管这些因素未必能直接决定产能的高低，但它们会影响生产能力的发挥程度和生产效率。例如，原材料供应的不及时或生产环境的恶劣，都可能限制企业生产能力的完全发挥。

近年来，企业生产能力评估已成为学术界关注的焦点。董鹏等（2013）将企业生产能力评估指标细分为产品生产能力、资源投入能力、优势保障能力、动态适应能力、管理沟通能力和环保能力6个一级指标，并进一步细分为15个二级指标和74个三级指标。许胜江（2005）在研究高技术企业核心生产能力时，将研发能力细分为人力资源、生产技术、技术秘密和生产要素优化组合结构4个一级指标，并进一步划分为二级和三级指标。

史健等（2006）从工作环境、能源供应、物料供应、操作人员素质、计划管理水平和设备状况6个方面构建了企业生产能力评估指标体系，并对企业生产能力进行了评估。张伟等（2010）则从原材料供应的及时性、工作环境、内部物料供应的及时性、操作人员技能、生产管理水平和设备运行状况6个方面构建了零部件供应企业生产能力评估指标，并进行了评估。

熊文强等（2012）构建了一个包含4个一级指标和17个二级指标的指标体系，并采用层次分析法与模糊数学法相结合的方法，对电镀企业的清洁生产潜力进行了评估。张国喜等（1998）在分析影响企业生产能力的主要因素的基础上，对聚合釜的最大生产能力进行了评估，并提出了改进措施。吴勇华等（2011）建立了转包能力模型和转包能力评估三维体系结构，并提出了一种基于D-S证据理论的转包能力等级评估方法。刘小玲等（2006）基于Dijkstra算法思想，提出了一套快速评估车间动态生产能力的方法。

这些研究表明，企业生产能力的评估是一个多维度、多层次的复杂过程，需要综合考虑企业内部条件和外部环境的多种因素。通过建立科学、系统的评估指标体系，可以更准确地评估企业的现实生产能力和潜在生产能力，为企业的生产管理决策提供有力支持。

（二）评估指标的构建

当前企业生产能力的研究重点往往聚焦于市场竞争环境下的生产能力评估，这导致在构建评估指标体系时会大量纳入市场相关因素，如原材料供应稳定性、能源供应情况以及市场竞争状况等。这些因素在评估企业在市场竞争中的生产能力时至关重要。

然而，在筛选应急物资生产能力储备企业时，这些市场因素可能不再是主要考量点。在面对灾害，特别是大规模灾害时，应急物资的需求量会急剧上升。此时，政府将直接向生产能力储备企业下达生产任务，要求企业满负荷运转以满足需求。在这种情况下，企业在市场上的竞争对手不会对生产能力构成影响，因为所有企业可能都需要集中资源以响应政府的生产指令。

此外，政府在救灾过程中将扮演关键角色，通过行政力量协调原材料供应和能源保障，确保生产活动能够顺利进行。因此，在评估企业的应急物资生产能力储备时，应重点关注以下几个关键指标：

（1）人力资源。评估企业的员工规模、专业技能水平以及在紧急情况下快速扩充人力资源的能力。

（2）设备运行。考察企业的生产设备是否先进、维护状况是否良好，以及在高负荷运行下的稳定性和可靠性。

（3）生产管理水平。分析企业的生产管理流程、效率以及在应急情况下快速调整生产计划的能力。

（4）生产环境。评估企业的生产环境是否符合安全生产标准以及在应急生产中的适应性和灵活性。

（5）创新能力。考虑企业在面对紧急需求时，进行技术创新和快速产品研发的能力。

在构建这些评估指标时，应结合最新的市场和行业数据以及企业在过往应急响应中的表现，形成一个全面的评估体系。这不仅能够帮助政府精准选择适合的企业作为应急物资生产能力储备单位，还能够指导企业在应急准备和响应方面进行持续改进。通过这种方式，可以确保在灾害发生时，能够迅速而有效地动员资源，保障应急物资的供应（见表6-1）。

表 6-1 企业应急物资生产能力评估指标体系

一级指标	二级指标
人力资源	企业员工数，技术人员数，工人操作熟练度
设备运行	设备投入数量，设备性能指数，工序能力指数，设备故障率
生产管理	生产标准化，规章制度，安全检查
生产环境	有效使用面积，灯光，噪声
创新能力	技术创新，生产模式创新管理模式创新

人力资源是企业生产能力的关键决定因素，对确保企业生产潜力的发挥至关重要。在企业人力资源的构成中，员工总数、技术人才比例和工人的操作熟练度是影响生产能力的三大关键要素。员工队伍的壮大、技术人才的集聚以及工人技能水平的提高，均能显著增强企业的生产能力。

企业设备状况同样对生产能力产生基础性影响。生产设备的保有量、性能指标、工序能力以及故障率是衡量设备生产能力的关键因素。设备的增加、性能的优化、故障率的降低以及工序能力的增强，都将直接提高企业的生产效率和产能。

生产管理水平也是影响生产能力的重要因素。生产流程的标准化、完善的规章制度以及严格的安全检查，都是提升生产管理水平的关键。管理的规范化和标准化能够提高生产流程的效率和质量，从而增强企业的生产能力。

企业生产环境，包括工作空间的有效利用、光照、噪声控制等，对员工的工作效率和生产安全都有直接影响。一个良好的生产环境能够提升员工的工作舒适度，促进生产效率的提高。

企业的创新能力涵盖技术创新、生产模式创新和管理模式创新等方面。虽然在应急物资生产能力储备的评估中，创新能力可能不作为直接的生产能力指标，但它对企业的长期生产潜力具有深远影响。应急物资生产能力储备旨在应对未来可能的突发事件，而这些事件的发生具有不可预测性。因此，企业的创新能力关系到其在市场竞争中的持久性和灵活性。如果企业缺乏创新能力，可能在突发事件发生前就在市场变革中失去立足点，从而影响其生产能力储备的有效性和意义。

综上所述，企业的生产能力是由人力资源、设备状况、管理水平、生产环境和创新能力等多个因素共同决定的。在评估和提升企业的生产能力时，需要全面考虑这些因素，以确保企业在面对应急需求时能够迅速响应并高效生产。

三、评估方法

企业生产能力定义为在特定条件下，一个生产企业、其生产线、单一设备或个体劳动者在一定时间内的产出能力，它是衡量企业生产效率的关键指标。这一指标体现了在特定的生产组织结构、管理模式和技术条件下，企业在单位时间内生产特定产品的能力。企业的生产能力受到多个关键因素的影响，包括人力资源配置、设备运行状况、生产管理效率、生产环境质量和创新能力5个主要方面。这些因素彼此独立，各自对企业的生产能力产生显著影响。

进一步地，这些一级指标可以细分为更具体的二级指标，包括设备投入数量、设备性能指数、工序能力指数、设备故障率、生产流程标准化、管理制度完善性、安全生产检查、生产空间的有效利用、光照条件、噪声控制、技术革新、生产方式创新以及管理创新等共16个具体指标。这些二级指标同样相互独立，但都对整体生产能力有着不可或缺的作用，是评估生产能力体系的重要组成部分。

在对企业生产能力进行评估时，如果仅采用简单的加权平均方法来计算这些指标，可能会忽视某些表现不佳的指标对整体生产能力的影响。在实际情况中，往往是那些表现最差的指标（"短板"）对企业生产能力的限制作用最为显著。例如，如果设备的投入数量不足，即使原材料和人力资源充足，也无法有效提升企业的生产能力。这种现象体现了所谓的短板效应或木桶原理，即木桶的盛水量由最短的那块木板决定。

基于对短板效应的认识，研究者们开始更加重视在生产能力评估中识别并强化那些可能成为限制生产能力提升的关键因素。这种评估方法有助于企业发现并解决那些阻碍生产效率和产能发挥的根本问题，从而实现生产系统的优化和生产能力的整体提升（张永领，2010；何沙等，2011）。通过这种方法，企业能够更精确地识别和改进影响生产能力的薄弱环节，避免单一追求平均指标而忽视了潜在的关键问题。

（一）评估标准

在对企业生产能力进行评估时，首要任务是构建一套科学的评估标准体系。这一体系是对不同层级评估指标的具体描述，形成了由各种可能的评估结果构成的集合，为每个指标提供了评价的基准。这些评估结果可以用以下公式表示：

$$S = \{ s_1?, \ s_2?, \ \ldots, \ s_n? \}$$

其中：S 表示评估结果的集合，$s_i?$ 表示可能的评估结果，n 为评估结果的总数。

在本模型中，我们设定 $n=4$，即将企业生产能力评估结果细分为四个等级，分别为"优秀""良好""一般""差",具体表示为优秀（Outstanding）、良好（Good）、一般（Average）、差（Poor）。

这些评估等级及其对应的生产能力现状被详细记录在表 6-2 中。根据表格内容，我们可以了解到，在突发事件发生后，企业的生产能力评估结果将根据其生产规模的扩大能力进行判定：

（1）如果企业能够实现大规模的生产能力扩张，其评估结果将被定级为"优秀"。

（2）如果企业能够实现较大规模的生产能力扩张，其评估结果将被定级为"良好"。

（3）如果企业仅能维持当前的生产能力水平，没有扩张或减少，其评估结果将被定级为"一般"。

（4）如果企业无法维持现有的生产能力，甚至有减产的风险，其评估结果将被定级为"差"。

表6-2　企业生产能力评估标准

生产能力表现	评估标准
大规模扩大生产	优秀
较大规模扩大生产	良好
维持生产现状	一般
生产能力下降	差

通过这种评估方法，企业和相关决策者可以清晰地了解企业在面对突发事件时的生产能力，从而为应急物资生产和管理提供准确的决策依据。

（二）对二级指标进行评估

为了对企业的二级指标进行全面而深入的评估，我们将采用专家调查法。这种方法涉及邀请企业管理者和相关领域的专业技术人员，他们将对企业进行细致的实地考察。基于考察结果，我们将对每个二级指标进行评估，并依据表 6-2 中的评估标准进行具体评判。

评估过程将以当前实际生产水平为基础，重点分析各项指标的潜在扩展能力。具体评估结果将根据以下标准确定：

（1）如果某项指标显示出能够支持企业大规模扩展生产的能力，那么该项指标的评估结果将定为"优秀"。

（2）如果某项指标表明企业有能力进行较大规模的生产扩展，但尚未达到最大规模，那么评估结果将定为"良好"。

（3）如果某项指标仅能保持现有的生产水平，且没有表现出扩展生产的迹象或潜力，那么评估结果将定为"一般"。

（4）如果某项指标在未来可能成为制约因素，甚至可能导致生产规模缩减，那么评估结果将定为"差"。

通过这种评估方法，我们能够准确识别企业在生产能力方面的强项和弱项，为进一步的决策和改进提供依据。这种评估不仅关注当前的生产状况，还考虑了企业在面对潜在挑战时的适应性和灵活性。

此外，评估过程中还将考虑企业的生产环境、技术创新能力、供应链稳定性、管理效率和员工技能等多个方面，以确保评估结果的全面性和准确性。通过综合这些因素，我们可以更准确地预测企业在应急情况下的生产表现，并制定相应的应对策略。

（三）逐级评估

在企业应急物资生产能力的评估中，通过建立一个分层评估模型，逐级分析企业的生产能力。该模型包括将第二级指标的评估结果整合到第一级指标中，再基于第一级指标的评估结果来判定企业的整体生产能力。

首先，根据专家对各二级指标的评估结果，为每个一级指标构建一个包含其所有二级指标的评估矩阵，并将这些矩阵进行标准化处理。在这些标准化评估矩阵中，标记为 $\{C_1, C_2, \cdots, C_m\}$，代表 m 个二级指标；矩阵中的 n 代表评估标准的个数，C_{il} 则代表第 i 个指标第 l 个评估结果的标准化值。

其次，确定二级指标的权重。这一步采用层析分析法（Analytic Hierarchy Process，AHP），通过对每对二级指标间的比较构建判断矩阵，并在此基础上进行一致性检验。计算该矩阵的最大特征值及其对应的特征向量，并将得到的特征向量标准化，从而得到各二级指标的权重 w_{ij}。

再次，计算每个一级指标的得分。使用下述公式来整合二级指标的标准化评估结果与对应的权重：

$$S_i = W_i \cdot C_i$$

其中，S_i 表示第 i 个一级指标的评估结果，C_i 为该一级指标下二级指标的标准化评估矩阵，W_i 为相应的权重矩阵。这个计算公式反映出专家评估主要集中在哪个评估层级。

最后，使用最小值法确定整体应急能力的评估结果。即选择所有一级指标评估结果中的最小值作为最终的应急能力评估结果：

$$R = min(S_1, S_2, \cdots, S_m)$$

这种方法确保在评估企业应急物资生产能力时，关注到可能的最弱环节，从而对企业的整体应急生产能力作出准确的评估。

第二节　应急物资储备企业的研发能力评估

在管理应急物资生产能力时，企业的生产能力和研发能力同等重要。特别是在应对突发事件时，不仅需要快速大量生产传统应急物资，还可能需要研发新的应急物资来应对特定需求。例如，2003 年 SARS 暴发时，迫切需要研发疫苗和相关药物。不仅是 SARS，对于其他新出现的传染病，也经常缺乏即刻可用的疫苗和治疗药物。此外，在处理大规模灾害及其引发的次生灾害时，也可能需要研发新的救援工具和设备。

企业的研发活动涉及创造性地利用新的科技知识来实质性改进技术、工艺、产品和服务，并持续进行这一系统性和目标明确的工作。企业的研发能力是其创新资源投入累积的成果，能够综合反映企业在整合研发活动中各种资源的能力，是衡量其研发效果和效率的有效指标。研发能力作为企业自主创新的核心，已经引起了管理者、专家和学者的广泛关注。例如，高汝熹等（2001）在评估研发产业供给时，采用了专利申请、授权量、科技论文数量和质量、研发产业劳动力等指标。尹成林（2002）对中国各地区研发产业从投入规模、结构及产出效率等方面进行了评估。黄鲁成等（2007）从内部和外部竞争力两大方面构建指标体系，采用主成分分析法研究北京研发产业的竞争力。

许多研究从不同角度评估了企业的研发能力，大多数研究依据的是商业应用和新产品成功投放市场的前提。这些研究在构建研发能力指标体系时通常会考虑市场需求和新产品销售等因素。然而，在应对突发事件时，新产品的研制目的是救灾，迫切需要满足救援需求，因此市场因素不是主要考虑的内容。此外，政府在应急状态下可能提供专门的研发资金，这也是影响企业研发能力的一个重要因素。因此，在以应急物资研发能力储备为目的的企业研发能力评估中，需要根据实际情况构建专门的评估指标体系，并对企业的研发能力进行准确评估，为选择合适的应急物资研发能力储备企业提供依据。

一、影响企业研发能力的主要因素

（一）研发团队的人才组成

研发团队的人才组成是企业技术创新的核心，依赖具有多学科背景的专业人才的广泛集成，这样的团队结构有助于促进技术和知识的多样性与互补性。团队中的每个成员都应具备深厚的专业知识与丰富的实践经验，这是他们能够有效处理复杂技术挑战和推动技术革新的关键。更重要的是，团队成员之间的多样化背景不仅能够激发创新思维，还能促进有效的问题解决策略，使团队能够在应急情况下迅速响应，开发出满足特定需求的创新解决方案。这种动态的团队合作模式是推动快速研发和适应突发事件需求的关键因素。

（二）研发团队的业绩

研发团队的业绩是衡量其实际研发能力的直接和关键指标，体现在新产品的开发数量、达到的质量标准，以及市场的积极反馈上。此外，团队的专利申请数量、科研项目的成功率，以及技术转化的效率也是评估其综合研发实力的重要因素。对于应急物资的研发而言，这一过程的特殊性要求团队在高压环境下能够迅速交付使用的技术成果，因此，研发周期的有效缩短是关键，它直接影响到应急响应的时效性和有效性。有效的技术转化能力和快速的市场反应能力，使研发团队在紧急情况下能够提供即时的解决方案，从而显著提高救援操作的成功率和效率。

（三）仪器设备支持

仪器设备支持是研发成功的关键支柱，尤其是在需要高质量和高效率的研发活动中至关重要。先进的实验和生产设备不仅保证了研发过程的精确性，还显著提高了整个研发活动的效率。设备的多功能性和技术先进性是加快理论成果向实际应用转化的重要因素，尤其是在需要迅速开发原型和测试新概念的紧急情况下格外重要。此外，定期的设备更新和维护是确保研发设施能够支持最新科技进展并维持企业持续创新能力的基础。有效管理和投资研发设施，能够确保企业在面对快速变化的市场需求时保持竞争力。

（四）研发管理效能

研发管理效能对于确保研发活动的成功至关重要。有效的研发管理能激励团队成员释放他们的创新潜力，并通过严格的项目管理确保研发任务能够按照既定的时间和质量标准完成。管理者扮演着关键角色，他们不仅需要促进团队内部的沟通和协作，还必须确保各种资源得到合理配置以推动项目向目标稳步前进。此外，研发管理的成功也极大地依赖管理层对外部变化的敏感性和适应性，尤其是在快速变化的应急环境中，能够迅速调整研发策略和方案以适应新的挑战是实现目标的关键。通过这种动态的管理方法，可以在保证研发质量的同时，增强团队对不确定性和压力环境的响应能力。

这些因素共同作用，形成了一个能够快速响应应急需求、持续创新和提供高效解决方案的研发环境。评估企业的研发能力还应考虑到研发投入的规模、由研发带来的经济效益以及技术市场的潜在规模等因素。这些综合因素共同决定了企业在应急物资研发领域的整体实力和竞争能力。

二、应急产品研发能力评估指标体系的设计

（一）评估指标体系设计的原则

在评估企业应急物资的生产能力储备时，必须构建一个科学、可操作、独立的研发能力评估指标体系，兼顾紧迫性和时效性的需求特点。

（1）科学性原则。选择的评估指标应反映应急物资研发的实际需求。这意味着指标应直接关联到研发团队是否能够在限定的时间内开发出关键的应急响应物资，如面对突发公共卫生危机时迅速研发出的疫苗或其他医疗设备。这种方法强调了指标的实际应用性而非市场驱动的需求，确保评估的重点是企业应对紧急情况的能力。

（2）可操作性原则。选定的评估指标必须既实用又容易操作，能够通过简明的定量和定性方法来进行测量和赋值。这包括选择能够通过直观方法测量的指标，如研发速度、团队响应时间等，以及那些可以通过数据分析得到具体数值的指标。

（3）独立性原则。在设置评估指标时，必须确保指标间相互独立，以避免任何重复或因果混淆。这是为了保持评估的客观性和准确性，确保每一个指标都是评估不同方面的研发能力，没有交叉覆盖，这样可以精确地识别出各个方面的优势和弱点。

（4）定性与定量相结合原则。应急物资研发能力的评估涉及多种复杂因素，其中一些因素可能难以通过传统的量化方法来衡量。因此，建议结合定量和定性评估指标，利用定量指标来衡量那些可以明确数字化的方面，如投资额、研发周期等；而定性指标则用于评估团队协作、创新能力和适应性等更为抽象的方面。这种综合方法不仅增强了评估的全面性，还提高了其适应性和敏感性，使得评估更加符合应急物资研发的

特殊要求。

通过遵循这些原则，可以确保评估体系既全面又精确，适应应急物资研发的特定需求，有效评估企业的应急响应能力。

（二）研发指标的构成

在建立企业应急物资研发能力评估体系时，主要考虑以下四个关键指标：研发团队、研发业绩、研发设备和研发管理。首先，研发团队作为企业创新的核心，其评估侧重于团队的规模、多样性的学科结构以及成员的教育背景。其次，研发业绩反映了团队的创新输出，评估时需考虑专利数量、科研经费、新产品研发周期及成功率等因素。再次，研发设备作为研发活动的物质基础，需要评估设备的现代化水平和功能性。最后，研发管理的效能通过激励机制、团队协作及问题解决能力来体现，这些因素共同构成了一个全面评估企业应急物资研发能力的指标体系。

三、评估方法

企业研发能力的评估通常采用三种主要方法：定性方法、定量方法和定性定量结合方法。定性方法主要依赖专家群体的经验和直觉来评估研发能力，常用的如专家评审法，适合评估难以量化的指标，但这种方法具有较强的主观性。定量方法则通过收集客观数据并应用统计或数学分析技术来评估，这种方法的优点是客观和精确，适用于可以明确量化的指标。定性定量结合方法则结合了以上两者的优点，通过构建包含定性和定量指标的复合评估体系，既利用专家的判断又依靠数据分析来提高评估的准确性和可靠性。其中，模糊综合评估法是一种典型的定性定量结合方法，它基于模糊数学的隶属度理论将定性评估转换为定量评估，通过模糊数学方法对受多种因素影响的对象进行整体评估，具有结果明确、系统性强的特点，并能有效处理模糊不清和难以量化的问题。这种方法通过减少人为主观影响，使评估过程更加客观和科学，特别适合处理复杂且具有不确定性的研发能力评估问题。

在企业研发能力的评估中，以下是构建模糊综合评估方法的关键步骤，它们详细描述了如何从多个维度综合考虑影响因素。

（1）确定影响因素集。这一步骤是评估过程的起点，涉及识别和定义所有可能影响企业研发能力的因素。这些因素被视为评估体系的基石，每一个因素都是影响结果的关键变量。例如，这些因素可能包括研发团队的技能水平、资金投入、技术设备条件等，它们共同构成了影响研发能力的因素集。

（2）建立评判集。评判集是由一组预先定义的标准或等级组成，它们用于对项目或活动的效果进行分类。例如，可以将一个研发项目的成果分为"优秀""良好""一般""差"。这些等级提供了一个清晰的评估框架，使评估者可以根据实际表现将研发活动归类。

（3）建立单因素评判矩阵。这个步骤涉及为每个影响因素创建一个模糊映射，这些映射详细描述了每个因素对不同评判等级的影响程度。例如，一个影响因素如"研发团队的专业技能"可能在"优秀""良好""一般""差"四个等级上有不同的隶属度。通过这种方式，为每个因素建立一个表达其对各等级影响程度的模糊矩阵。这个矩阵是评估过程中的关键工具，它帮助评估者准确地理解和量化每个因素对整体研发能力评估的贡献。

（4）确定权重。确定权重是评估过程的关键一步，其目的是确立每个评估因素在总评中的影响力。这一过程需根据各因素的实际影响大小和评估目的来分配权重。权重的分配通常通过科学的方法进行，如专家评分法、德尔菲法或数据统计方法等，以确保评估的客观性和准确性。例如，在应急物资研发能力评估中，研发速度和技术创新能力可能会被赋予较高的权重，因为这些因素直接影响到应急响应的效率。

（5）综合评判。在权重和单因素评判矩阵都已确定后，接下来的任务是进行综合评判。这通常通过矩阵运算实现，即将单因素评判矩阵与权重矩阵进行点乘，以得到一个综合评估向量。此向量中的每个元素代表了企业在相应评判等级上的得分。然后，对这个向量进行归一化处理，以确保所有评分的总和为一，便于结果的解读和应用。

（6）结果解读：最后的步骤是解读综合评估向量，通过分析向量中的最大隶属度值来确定企业研发能力的评估等级。这一步骤是整个评估过程的收尾，结果将直接反映出企业研发能力的强弱与优劣。此结果为企业提供了关于其研发能力状态的重要信息，也为进一步的策略调整和资源配置提供了依据。

在构建评判矩阵和确定权重时，通常采用实验数据支持或专家评分的方法，这确保了评估的科学性和实用性。通过这一综合流程，可以更全面地评估企业的研发能力，从而为企业战略决策提供科学依据。

第三节　应急物资生产能力储备企业的选择

尽管已对企业的生产和研发能力进行了详尽的评估，为选择合适的企业提供了依据，但政府在进行应急物资的生产能力储备时面临的选择仍然复杂。这是因为不同企业在生产规模、产品质量、经营管理能力、业绩、信誉和社会责任等方面各有千秋，这些因素共同影响了应急物资生产能力储备企业的选择。近年来，针对应急物资生产能力储备企业的选择问题，已经成为研究的热点。

一、生产能力储备企业选择的指标体系

应急物资生产能力储备企业的选择是一个复杂的过程，需要在综合分析影响企业生产能力各方面因素的基础上，科学选择评估指标体系。

（一）指标选择的原则

选择应急物资生产能力储备企业是一个涉及多个维度的复杂过程，它需要一个科学和全面的评估指标体系作为支持。构建这样一个体系应遵循以下原则。

1. 科学性原则

指标体系的建立必须基于对企业生产能力影响因素的深入分析。这涉及从企业的生产规模、技术水平、生产效率等方面进行全面考量。通过实地调研和专家评判等方式来确定指标，确保指标既全面覆盖又避免过度复杂，以便精准评估企业的实际生产能力。

2. 系统性原则

评估体系应综合考虑所有相关因素，包括企业的生产技术、管理能力、应急响应速度等，以确保评估结果的全面性和客观性。这需要从多角度整合信息，构建一个可以全面反映企业应急物资生产能力的评估模型。

3. 简洁性原则

虽然评估指标体系要全面，但还需避免过于繁复，应突出关键指标，简化评估过程。选择那些能直接反映企业应急生产核心竞争力的指标，有助于迅速识别最合适的企业。

4. 定性与定量相结合原则

考虑到某些评估指标可能难以量化，应结合定性和定量方法进行评估。例如，通过专家打分法评估企业的创新能力和市场信誉，而采用具体的生产数据和财务指标来评价企业的生产效率和经济实力。

综上所述，建立一个科学、系统、简洁且结合定性定量评估的指标体系，是确保选出最适合进行应急物资生产能力储备的企业的关键。这不仅有助于识别具备优秀生产能力的企业，也确保了在应急情况下，这些企业能够迅速有效地响应需求。

（二）评估指标体系的构建

1. 指标选择方式

构建应急物资生产能力储备企业选择的指标体系是一项复杂的系统工作。本节采取以下五个步骤来构建这一指标体系：

（1）问卷设计。在广泛的文献调研和分析我国重大突发灾害的应急物资布局、储备和调度中存在的问题的基础上设计问卷。问卷将涵盖应急物资的突发性、紧迫性、巨量性和不确定性等特点，以收集影响企业生产能力的各种因素。

（2）德尔菲法问卷调研。通过河南省应急管理技术研究与培训基地，对40位包括应急管理理论专家和企业管理决策者在内的专家进行两轮德尔菲法问卷调研。这一过程旨在使专家意见逐渐统一，以便提炼出关键指标因素。

（3）访谈。利用参与"'十四五'时期××省应急体系规划"编制工作的机会，与从事应急管理的行政领导进行访谈，收集关于应急物资生产能力储备企业选择的指标体系的建议，以增强体系的实用性和针对性。

（4）实地调研。实地访问候选企业及其合作伙伴，通过与相关人员的交流和资料查阅，获取关于产品质量、经营管理水平等关键信息，确保指标的现实适用性。

（5）汇总与凝练。整合问卷调研、访谈和实地调查的数据和见解，对初步构建的指标体系进行必要的修正和完善，以确保其科学性和可操作性。

通过这一系列细致的步骤，确保所选企业符合应急物资生产的高标准和特殊需求，同时保证了评估过程的严谨性和系统性。

2. 指标的确定

在构建应急物资生产能力储备企业选择的指标体系后，将影响因素归结为四大类，即产品质量、生产与供应能力、经营管理水平和服务水平（见表6-3）。

在应急物资生产企业的选择中，以下四大类指标至关重要。

（1）产品质量。产品质量是决定企业是否适合应急物资生产的首要标准。这包括评估产品的性能是否满足特定紧急情况下的需求，企业是否具备健全的质量保证体系来持续提供高标准产品以及企业的技术水平和设备性能是否能支持高效率的生产过程。高质量的产品能直接影响救灾效果和灾区居民的安全。

（2）生产与供应能力。此指标衡量企业在面对突发事件时，快速响应和满足大规模需求的能力。这涉及企业的生产规模是否足够大、是否具备稳定的供货能力以及是否能在市场中占有一定份额以证明其生产力。同时，企业的仓储能力也必须足以存储大量物资，以便在需要时迅速调配。

（3）经营管理水平。经营管理水平反映了企业是否有良好的商业实践和健康的财务状况。这包括企业的市场信誉、运营效率、盈利能力和偿债能力以及是否具备持续发展的潜力。良好的经营管理能确保企业在应急情况下稳定运作，不受外部经济波动的影响。

（4）服务水平。服务水平显示了企业在客户服务方面的专业性和效率。主要通过订单处理的准确性、交货的及时性以及服务人员的态度来评估。优质的服务可以增强企业的客户信任度，确保在应急响应中高效、准确地满足需求。

将这些指标纳入递阶层次分析体系中，能够系统地评估并选择合适的应急物资生产能力储备企业，确保其在关键时刻能够有效支援救灾活动（见表6-3）。

表6-3 应急物资生产能力储备企业选择的指标体系

目标层（A）	准则层（B）	指标层（C）	指标评判（D）
应急物资生产能力储备企业（A）	产品质量（B_1）	应急物资性能（C_{11}）	用产品合格率衡量
		质量保证体系（C_{12}）	专家打分
		企业技术水平（C_{13}）	专家打分
		企业设备性能（C_{14}）	专家打分
	生产与供应能力（B_2）	企业规模（C_{21}）	专家打分
		供货能力（C_{22}）	专家打分
		产品市场份额（C_{23}）	用市场占有率衡量
		物资仓储能力（C_{24}）	专家打分
	经营管理水平（B_3）	企业信誉（C_{31}）	专家打分
		营运能力（C_{32}）	专家打分
		盈利能力（C_{33}）	专家打分
		偿债能力（C_{34}）	专家打分
		发展能力（C_{35}）	专家打分
	服务水平（B_4）	处理订单准确率（C_{41}）	根据企业资料判断
		准时交货率（C_{42}）	根据企业资料判断
		服务态度（C_{43}）	专家打分

二、基于商权的 TOPSIS 模型

TOPSIS（Technique for Order Preference by Similarity to an Ideal Solution），由 Hwang 和 Yoon 在 1981 年提出，也被称为双基点法或双理想点法。这是一种在系统工程中常用于有限方案多目标决策分析的方法，广泛应用于效益评估、决策分析和项目管理等领域。与层次分析法、灰色评估法、模糊综合评价法、神经网络模型和综合指数法等相比，TOPSIS 的优势在于其权重确定的客观性和计算及应用的便利性。根据 G. R. Jahan Shahloo 等（2009）和 Aleces Kelemenis 等（2010）的研究，本文对传统的 TOPSIS 方法进行了改进，并将其应用于应急物资生产能力储备企业的选择研究。目前，该方法在应急物资生产能力储备企业选择领域的应用尚属首次。

选择模型的步骤主要包括以下几个方面。

设有 m 个备选的应急物资生产能力储备企业，n 个评估指标，各备选企业的评估指标值组成矩阵 X，x_{ij} 表示第 i 个备选的应急物资生产能力储备企业的第 y 个指标值。

$$X = \begin{bmatrix} x_{11} & x_{12} & \cdots & x_{1n} \\ x_{21} & x_{22} & \cdots & x_{2n} \\ \vdots & \vdots & \vdots & \vdots \\ x_{m1} & x_{m2} & \cdots & x_{mn} \end{bmatrix}$$

原始数据标准化。这里采用比重法处理

$$P_{ij} = x_{ij} / \sqrt{\sum_{i=1}^{m} x_{ij}^2} \quad (j = 1, 2, \cdots, n)$$

确定评估指标的熵权和构造加权规范化矩阵。即计算求解信息熵、输出熵、指标差异度及熵权：

$$E(y_j) = -\sum_{i=1}^{m} y_{ij} ln P_{ij}$$

$$E_i = E(P_j) / ln m$$

$$G_j = 1 - E_j \quad 1 \leq j \leq n$$

$$a_j = G_j / \sum_{i=1}^{n} G_j \quad j = 1, 2, \cdots, n$$

$$V = \begin{bmatrix} a_1 y_{11} & a_2 y_{12} & \cdots & a_n y_{1n} \\ a_1 y_{21} & a_2 y_{22} & \cdots & a_n y_{2n} \\ \vdots & \vdots & \vdots & \vdots \\ a_1 y_{m1} & a_2 y_{m2} & \cdots & a_n y_{mn} \end{bmatrix}$$

确定评估应急物资生产能力储备企业的理想解 V^+、负理想解 V^- 和虚拟最劣解 V^*：

$$V^+ = \{(maxv_{ij} \mid i = 1, 2, \cdots, n)\} = \{v_1^+, v_2^+, \cdots, v_m^+\}$$

$$V^- = \{(minv_{ij} \mid i = 1, 2, \cdots, n)\} = \{v_1^-, v_2^-, \cdots, v_m^-\}$$

$$V^* = \{3v_1^- - 2v_1^+, 3v_2^- - 2v_2^+, \cdots, 3v_m^- - 2v_m^+\} = \{v_1^*, v_2^*, \cdots, v_m^*\}$$

计算备选应急物资生产能力储备企业与理想解和虚拟最劣解距离，分别为 d_i^+ 和 d_i^-，并确定评估应急物资生产能力储备企业与理想解的相对接近度指数 C_i。即：

$$d_i^+ = \left[\sum_{j=1}^{n} (v_{ij} - v_j^+)^2 \right]^{1/2}$$

$$d_i^* = \left[\sum_{j=1}^{n} (v_{ij} - v_j^*)^2 \right]^{1/2}$$

$$C_i = \frac{d_i^-}{d_i^- + d_i^-}$$

综合评估。按照由大到小顺序排列应急物资生产能力储备企业选择的优先顺序。当评估对象的指标划分成多层次时，需要利用多层次评估模型进行评估。即由各评估对象的相对接近度组成上一层次的评估矩阵 C^*，此时考虑各因素的权重，评估矩阵和权重向量合成为评估结果向量：

$$C = m^- C^*$$

即根据评估结果判断应急物资生产能力储备企业选择的优劣次序。其中，m 为准则层的权重向量。

第四节　应急物资代储企业的选择

无论是生产能力储备还是研发能力储备，目的都是应对突发性事件，确保在需要时能够迅速生产或研发出必需的应急物资。然而，应急物资的企业代储则具有不同的性质，它涉及现货储备，即企业利用其产品和仓储资源为政府直接存储应急物资，这是政府实物储备的另一种形式。

企业代储作为政府应急物资储备计划的核心部分，通过与选定的优秀企业签订储备协议并建立合作机制来实施。这种储备涉及的企业类型包括生产型、流通型和销售型三种。政府为这些参与应急物资代储的企业提供经济补贴，支持它们在人力资源、物资储备、流动资金和关键设备等方面的提升，增强其应急物资供应能力。这样，在突发公共事件发生时，这些企业能够迅速动员，为救援行动提供必需的物资支持。

一、加强应急物资企业代储的意义

当前，我国的应急物资储备主要依赖实物储备，这种形式虽然能够提供必需的物资支持，却存在诸多挑战，如高耗损、高成本以及难以满足长期需求等问题。首先，长时间未使用的实物储备可能会导致物资性能降低，同时需支付额外的维护费用；其次，扩大实物储备的规模意味着需要更多的仓储空间和管理人员，这无疑增加了成本；最后，某些应急物资如药品等，本身不适宜长期储存。在这种情况下，企业代储模式应运而生，有效地弥补了实物储备的不足，增强了政府应急物资储备的多样性和灵活性。

企业代储的重要性主要体现：它不仅可以扩大政府的应急物资库存，还能提高物资的可用性和响应速度，降低长期储存造成的损耗及其相关成本。同时，通过利用企业现有的物流和仓储能力，可以更高效地管理和调配资源，确保在紧急情况下快速有效地满足需求。这种模式为应急管理提供了一种更为经济、有效的物资保障策略。

（一）降低储备成本，减轻政府工作负担

通过委托企业进行应急物资储备，政府能显著降低与建设和维护专用仓库相关的成本。这种模式不仅减少了政府在物资存储上的直接投入，如仓库建设费和日常维护费，还降低了管理和运营的复杂性。对于企业而言，此举增加了其存储设施的使用率，有助于分摊和回收固定成本，并通过整合现有的物流网络优化资源配置，确保快速响应。此外，政府能够专注于宏观管理和战略规划，如定期进行物资质量和数量的检查，而在紧急情况发生时，依托企业的物资和物流能力，政府可以迅速调动所需资源，有效减轻救灾期间的行政负担。这种模式不仅提高了应急响应的效率，也使政府能更专注于紧急情况的宏观调控和资源分配，优化应急物资管理流程。

（二）完善应急物资储备体系

为了构建一个更为完善的应急物资储备体系，必须采取多层次的储备策略，以确保在突发事件的不同阶段和层次上都能满足物资需求。这种多层次的储备体系应包括国家、地方和社区三个层级，每个层级都有其独特的角色和责任，形成一个互相支持、协同高效的网络。

国家层级的储备应聚焦于大规模的灾害响应，储存大批量的救灾物资如食品、水、帐篷和医疗用品，这些物资应具备长期存储的特性，并能够快速部署到受影响地区。

地方政府则应侧重于储备那些适用于解决具体地区可能面临的特定问题的物资，如洪水、地震或火灾后的特殊需求。社区层级的储备则更加精细化，针对社区内特有的需求进行物资储备，包括急救包、基础医疗设备及其他生活必需品，以便在紧急状况下迅速反应。

政府在推动实物储备的同时，也应加强委托储备，与企业和非政府组织合作，利用其资源和专业能力进行物资储备。这不仅可以利用私营部门的效率，还可以通过合同约定确保在紧急时刻物资的优先使用权。此外，应建立一个灵活的物资调配系统，确保在需要时能够迅速调动储备物资，无论是跨地区还是跨层级。

除了物资储备，政府还应加强对应急物资管理人员的培训，确保他们能够有效地管理和调度资源。此外，定期的模拟演练和评估也是必要的，以测试系统的反应能力和效率，及时发现并解决体系中的缺陷。

通过这些措施，可以确保在面对自然灾害、公共卫生事件或其他紧急情况时，应急物资储备体系能够发挥最大的效用，有效保障人民的生命安全和社会的稳定。

（三）将社会资源纳入应急物资保障体系

通过委托企业进行应急物资储备，政府能够有效地利用社会资源，将其纳入国家的应急物资保障体系。选择表现优异的企业进行委托储备不仅能够提升资源的利用效率，还能促进公私合作，强化应急响应的整体能力。这种策略使得私营部门的资源和专长得到了充分的发挥，例如利用企业在物流、储存、分发等方面的专业技能和设施，从而提高应急物资的调配速度和效率。

此外，将社会资源纳入应急物资保障体系还有助于提高灾害响应的灵活性和适应性。在面临突发公共卫生事件或自然灾害时，企业所储备的物资可以迅速投入使用，减少官方资源的压力。同时，这也促进了企业社会责任的实践，使企业能在提供紧急援助的同时，加强与政府的合作关系，共同构建一个更为坚固、有效的应急物资保障网络。

二、我国应急物资企业代储现状

（一）存在的问题

目前，我国的应急物资企业代储系统还处于发展初期，面临多方面的挑战和问题。

1. 制度性建设滞后

尽管国家和地方政府对于应急物资的委托储备已有相关规定，但这些规定多数较为抽象，缺少可操作性的详细指导和具体执行流程。缺乏明确的执行细则使得政府在选择合适的储备企业时，往往无法进行全面严格的评估与审查，这不仅影响了储备效率，也使得部分企业在履行储备职责时存在偏差。此外，相关政策的不健全导致企业与政府在合作过程中缺乏法律与政策支持，难以形成有效的合作机制。

2. 资金投入不足

资金是实现有效储备的关键因素之一。虽然许多地方政府在项目初期能够提供一定的资金支持，但后续资金的持续投入却常常面临预算外资金难以保证的问题。资金的不连续性不仅增加了企业的财务压力，也严重影响了储备活动的持续性和企业的积极性。长期的资金不稳定可能导致企业在维护和更新储备设施、购买或更新储备物资时变得消极，影响应急物资的有效供应和快速响应能力。

3. 随意性强

在应急物资的储备过程中，选择的物资种类、数量和结构往往缺乏针对性和科学性，没有充分考虑到实际的需求和当地的灾害特性。例如，一些地区可能需要更多的水资源和食品供应，而另外一些地区则可能急需医疗设备和药品。此外，许多情况下依赖单一企业进行物资储备，而没有建立一个多元化的协同储备网络，这导致了储备物资的供应链易受单一环节影响，无法形成有效的应对策略，缺乏一个全面和系统的储备体系。

4. 运营管理水平参差不齐

在代储企业管理应急物资的过程中存在明显的管理水平差异。部分企业尚未建立完善的物资管理和追踪系统，导致账面库存与实际库存不符、物资规格和品种描述不清晰，以及物资质量管理不严格等问题。这些管理上的缺陷增加了在紧急情况下迅速、准确调配物资的难度，降低了应急响应的效率。

5. 缺乏有效监管

由于人手不足等多种因素，政府相关管理部门往往难以对代储的应急物资实施有效的监管。信息不对称问题突出，监管机构对企业储备状况了解不足，导致在市场或需求发生变化时，代储企业无法有效调用储备物资。此外，缺乏及时补充和更新储备物资的机制，使得应急物资难以满足时效性和实效性的要求，影响了整体的应急准备能力。

为了解决这些问题，建议政府和相关部门增强对应急物资储备的规划和监管，引入多元化的供应链方案，加强管理体系建设，提升代储企业的管理标准，并实施定期的审计和评估，确保应急物资能够在关键时刻发挥关键作用。同时，应建立更为科学的物资需求分析和预测模型，以适应不同灾害情境下的具体需求。综上所述，政府需加强制度建设，确保资金投入的持续性，优化储备物资的选择机制，提高代储企业的运营管理水平，并建立健全的监管检查机制，以提高应急物资储备的效率和响应速度。

（二）完善应急物资企业代储机制

企业代储在增强和完善应急物资储备体系中发挥着重要作用，因此，必须强化应急物资的代储管理和机制。

1. 政府应加强对应急物资代储企业的宏观管理

国家和地方政府需要制定具体的应急物资管理办法，明确代储的规则和标准，以规范代储活动。此外，政府应为代储企业提供决策、计划、组织、实施、检查和监督的政策支持，确保政策的实施能够得到有效执行。

2. 加强代储资金管理

政府需要将应急物资的代储资金纳入财政预算，并加强对这些资金使用的监控，确保资金得到合理有效的使用。这包括定期审核资金使用情况，以确保资金专款专用，有效支持应急物资的储备。

3. 加强代储企业的审核、监督

政府在选择代储企业时，应通过严格的审核过程，结合资料审核和现场检查，选择那些生产能力强、技术先进、管理严谨、信誉良好的企业进行代储。对于不符合要求的企业，政府应取消其代储资格，并收回储备资金。政府还应建立一套激励和约束机制，对表现优良的企业给予奖励，加强对代储企业的日常检查和监督，确保储备物资的质量和数量。

4. 强化应急物资代储的流程管理

建立和完善代储管理制度，明确委托和代理的权利义务关系，规范代储资金的划拨和使用，定期检查企业的管理制度执行情况及库存状态，评估企业的生产和经营状况。此外，还应加强对代储物资的定期检验，确保其符合质量标准。

5. 加强代储人员培训

加强代储人员的专业培训，提高他们的业务素质和应急响应能力。同时，持续推进信息化建设，提高代储管理的效率。通过定期进行应急演练，测试和优化应急物资调用的反应时间和流程，以便在实际灾害发生时能够迅速有效地提供所需物资。

三、代储企业选择的评估指标体系

（一）影响因素分析

选择应急物资代储企业时需要综合考量多个关键因素，确保所选企业能有效支持应急物资的需求和供应。以下是影响选择的主要因素：

1. 产品质量

选择应急物资代储企业时，产品质量是最关键的考量。这不仅涉及产品的直接性能和可靠性，还包括其在极端条件下的稳定性。高质量的产品能够在灾难情况下有效发挥作用，保障人员安全和救援效率。因此，代储企业必须具备严格的质量控制系统，能持续监测和提高产品质量，确保每批应急物资都能达到政府设定的标准，具备高合格率和可靠的性能。

2. 产品价格

在确保产品质量的同时，价格控制也至关重要。应急物资尽管是非常规需求，但经济性仍是政府考虑的重要方面。合理的价格不仅有助于政府节省成本，还能在不牺牲质量的前提下，实现资源的最优配置。在选择代储企业时，政府需评估其产品的成本效益比，选择那些能提供性价比高的产品的企业。这样的策略有助于在紧急情况下迅速部署所需物资，同时保持财政的可持续性。

3. 仓储能力

企业的仓储能力直接影响应急物资的可用性和调度效率。拥有先进的仓储设施的企业能够保障足够的物资储备，同时能快速响应突发需求。这种能力不仅包括空间的广度，还包括仓储设施的现代化程度、物资的安全保障措施及物流配送效率。企业应能保持物资的良好状态，防止因存储不当导致的损失，同时确保在需要时能快速、有效地分配物资。

4. 企业信誉

企业的市场声誉和历史表现是评估其作为应急物资代储企业可靠性的重要标准。

一个信誉良好的企业通常有着严格的质量控制标准和较强的市场运营能力,更可能在危急时刻保持稳定供应。选择这样的企业可以减少在紧急情况下遭遇物资短缺的风险,确保政府和社会公众的需求得到及时满足。此外,信誉良好的企业往往对社会责任持有更高标准,更愿意在危机中承担额外责任,有助于建立长期的合作关系。

5. 市场影响力

市场影响力体现了企业的竞争地位和行业权威性,这通常与企业的资源整合能力、市场占有率及品牌影响力紧密相关。在市场中占据领导地位的企业往往拥有更广泛的资源网络和更强的危机响应能力,这使得它们在应对突发公共事件时能迅速调配资源,保证供应链的稳定性和效率。此外,这些企业通常也具备更先进的技术和更有效的创新能力,能在必要时快速适应市场和技术要求的变化。

6. 交通条件

交通条件是评估应急物资代储企业的关键因素之一,因为是直接关系到物资的运输效率和成本。企业所在的地理位置若靠近主要的交通枢纽,如高速公路、铁路、港口等,将极大地便利应急物资的快速调度和分发。优良的交通条件不仅能缩短物资从仓库到灾区的运输时间,还能在多点突发事件发生时,更灵活地进行物资调配和优化路线选择,确保在关键时刻物资能够迅速到达需要它们的地方。

7. 配送能力

配送能力是评估应急物资代储企业的重要指标。企业需要展示其能够迅速、准确地将应急物资送达指定地点的能力。这不仅包括拥有广泛的配送网络,还包括高效的物流管理系统和应急响应机制。在突发事件发生时,这些系统必须能够实时调整物流路径和优先级,确保物资能够快速到达最需要的地区。此外,企业的配送团队也应具备处理紧急情况的专业技能和经验,包括能够在复杂或危险环境下安全高效地操作。

8. 合作态度

企业的合作态度是确保长期和有效合作的关键。这包括企业对应急物资代储的积极性、透明度和灵活性。领导层的积极参与通常意味着企业将更加重视与政府的合作关系,愿意在合同和协议中投入必要的资源和注意力。具体的合作方案设计应详细反映出企业对合作条款的理解和承诺,包括对预期目标的清晰界定和达成这些目标的具体步骤。良好的合作态度还意味着企业愿意在合作过程中进行适当的调整和优化,以适应应急物资管理需求的变化。

通过全面考量这些因素,政府可以选择最合适的企业进行应急物资的代储,确保在灾难发生时能快速、有效地进行救援和恢复工作。

（二）指标体系构建

在分析上述影响因素的基础上，构建了应急物资代储企业选择的评估指标体系，该指标体系包括产品质量、产品价格、仓储能力、企业信誉、市场影响力、地理位置、配送能力等一级指标，并在此基础上进一步划分若干二级指标（见表6-4）。

表6-4 应急物资代储企业选择的评估指标体系

	一级指标	二级指标
代储企业选择的评估指标	质量与价格	产品合格率，产品质量的持续提高能力，市场价格与企业产品价格之比，性价比
	仓储与配送	仓库容积，仓库的管理水平，企业的地理位置，企业距离交通枢纽的距离，企业距离高速公路和重要公路的距离
	企业信誉与影响力	品牌的知名度，市场竞争力，行业地位，企业发展潜力，企业的社会责任感
	合作态度	企业的响应程度，企业高层的重视程度，合作方案，预期收益

四、代储企业的选择模型及例证

（一）改进 TOPSIS 评估模型的构建

TOPSIS 法，由 C. L. Hwang 和 K. Yoon 在 1981 年提出，是一种通过比较评估对象与理想最优解及最劣解的距离来确定对象的相对优劣的多目标决策方法。这种方法在评估有限方案时非常有效，通过计算对象与最优解的接近度以及与最劣解的远离度进行排名：最接近最优解同时最远离最劣解的对象被认为是最优的。TOPSIS 广泛应用于静态综合评估，它的评估值主要反映的是对象间的相对接近度，而不是与理想最优方案的绝对接近程度。因此，为了更适应代储企业选择的场景，本文对传统的 TOPSIS 法进行了必要的改进。改进后的 TOPSIS 方法主要包括以下基本步骤。

（1）评估指标同趋势化。在评估过程中，所有的指标变化方向应该一致，即需要将所有指标转化为同一变化趋势，如将高优指标转化为低优指标或相反，一般通过采用倒数法实现，以此构建同趋势化的评估矩阵。

（2）数据的标准化处理。对同趋势化的原始数据矩阵进行归一化处理，其指标转换公式为：

$$a_{ij} = X_{ij} \Big/ \sqrt{\sum_{i=1}^{n} x_{ij}^2}$$

$$a_{ij} = X'_{ij} \Big/ \sqrt{\sum_{i=1}^{n} \left(X'_{ij}\right)^2}$$

其中，$i = 1, 2, \cdots, n$；$j = 1, 2, \cdots, m$。

由此得出经过归一化的矩阵为：

$$A = \begin{bmatrix} a_{11} & a_{12} & \cdots & a_{1n} \\ a_{21} & a_{22} & \cdots & a_{2n} \\ \vdots & \vdots & \vdots & \vdots \\ a_{m1} & a_{m2} & \cdots & a_{mn} \end{bmatrix}$$

（3）确定最优方案和最劣方案。根据 A 矩阵得出最优值向量和最劣值向量，即有限方案中的最优方案和最劣方案分别为：

最优方案 $A^+ = \{a_1^+, a_2^+, \cdots, a_m^+\}$，$a_j^+ = max\{a_{1j}, a_{2j}, \cdots, a_{nj}\}$

最劣方案 $A^+ = \{a_1^-, a_2^-, \cdots, a_m^-\}$，$a_j^- = min\{a_{1j}, a_{2j}, \cdots, a_{nj}\}$

（4）分别计算评估对象的各指标值与最优方案及最劣方案的距离 L_i^+ 与 L_i^-。无权重时：

$$L_i^+ = \sqrt{\sum_{j=1}^{m} \left(a_{ij}^+ - a_{ij}\right)^2} \qquad L_i^- = \sqrt{\sum_{j=1}^{m} \left(a_{ij}^- - a_{ij}\right)^2}$$

有权重时：

$$L_i^+ = \sqrt{\sum_{j=1}^{m} w_j \left(a_{ij}^+ - a_{ij}\right)^2} \qquad L_i^- = \sqrt{\sum_{j=1}^{m} w_j \left(a_{ij}^- - a_{ij}\right)^2}$$

其中，L_i^+ 与 L_i^- 分别表示第 i 个评估对象与最优方案和最劣方案的距离。

（5）计算各评估对象与最优方案的接近程度 C_i：

$$C_i = \frac{L_i^-}{L_i^+ + L_i^-}$$

C_i 值越大表明评估对象越接近最优水平，反之越低。

（6）方法的改进

由于评估目标是对不同方案的满意度，其值介于 0 和 1 之间，因此最优方案即满足满意度等于 1，最劣方案即满足满意度为 0，因此本文将最优方案和最劣方案定义为：

最优方案：$A^+ = (1, 1, \cdots, 1)_{1 \times m}$

最劣方案：$A^- = (0, 0, \cdots, 0)_{1 \times m}$

该方案可以视为一种绝对的最优、最劣解法，其特点是评估目标的增减不会影响最终结果。这是因为传统的 TOPSIS 方法在面对逆序问题时表现出局限性，它只能反映方案内部的相对优劣。这意味着增减方案实际上是在改变评估的基准，从而可能引起评估结果的变动。然而，改进后的 TOPSIS 方法则有效规避了这一问题，使得最终得到的数值不仅显示了评估对象间的相对优劣，还能准确反映其与理想最优解的接近程度。因此，与绝对最优方案的接近程度可以被认为是最终的评估结果。

（二）评估步骤

（1）确定备选方案。假设可备选的企业有 n 个，则：

$$a = (a_1 a_2 \cdots a_n)$$

其中，$a_k(k = 1, 2, \cdots, n)$ 为第 k 个企业。

（2）构建评估指标体系。通过分析应急物资代储企业的影响因素，将指标体系划分为四大类，并在此基础上进一步划分为二级指标，设一级指标共有 m 个，则：

$$b = (b_1 b_2 \cdots b_n)$$

$$b_k = (b_{k1} b_{k2} \cdots b_{kn})$$

其中，$b_k(k = 1, 2, \cdots, n)$ 为第 k 个一级指标，$k = 1, 2, \cdots, m$，j 为第个一级指标包含的二级指标的个数。

（3）确定指标权重。由于在选择备选企业时，决策者对不同指标的关注度不同，因此需要对指标进行重要性区分，也就是确定指标的权重。设一级指标权重为 W，第 k 个一级指标下的二级指标的权重为 W_k，则：

$$W = (w_1 w_2 \cdots w_n)$$

$$W_k = (w_{k1} w_{k2} \cdots w_{kn})$$

其中，k 为第 k 个一级指标，$k = 1, 2, \cdots, m$，j 为第 k 个一级指标包含的二级指标的个数。

第七章 基于应急供应链的应急物资配送预案研究

第一节 应急物资供应链战略框架模型

一、应急物流供应链的设计要求

(一) 风险管理的早期整合

有效的供应链设计必须从一开始就纳入风险管理。这包括全面识别和评估潜在的风险源，如自然灾害、市场波动、政治变动或技术故障等，这些都可能对供应链造成中断。通过分析供应链的结构和操作环境，可以有效地区分和分类各种潜在的风险因素。建议组建专门的危机管理审计团队，负责对供应链的关键环节进行周期性的风险评估，并进行定期或不定期的审查。此外，对于那些发生概率较高或可能影响严重的风险事件，应组织相关人员进行实战演习和应急响应训练，这不仅可以测试供应链在潜在危机下的操作韧性，还能揭示供应链操作中的潜在弱点，从而采取相应的加固措施，确保在实际危机发生时能迅速、有效地响应和处理。

(二) 选择可靠的合作伙伴

在供应链管理中，选择可靠的合作伙伴是确保运营成功的关键。合作伙伴的选择不仅要考虑其供应能力和历史信誉，还应从整个供应链的角度审视其在系统中的作用。选择那些能够提供互补资源和能力的合作伙伴，可以增强整个链条的效率和韧性。此外，重要的是要评估与这些伙伴合作的成本效益以及他们的灵活性，确保在市场环境或需求变化时能快速适应。

制订一个全面的沟通计划也是维护良好合作关系的关键。此计划应涵盖所有必要的信息流动，确保关键信息及时准确地传递给所有相关方，包括政府机构、媒体和内部员工。有效的沟通可以减少误解和冲突，提高合作效率。例如，定期的业务更新会议、共享的技术平台和应急联系协议都是确保信息流通的有力工具。

此外，在选择合作伙伴时，还应考虑其在社会责任和环保方面的表现。与那些致力于可持续发展和符合道德标准的公司合作，可以提升品牌形象和消费者信任度，同时有助于减少供应链中的潜在风险。

总之，通过精心选择合作伙伴，并通过有效沟通和合作成本的精准评估，可以大大增强供应链的整体性能和可靠性。这不仅是提高当前业务效率的关键，也是面对未来挑战时保持竞争力的重要策略。

（三）优化供应链节点间业务流程

在供应链管理中，保持流程的高效和一致性至关重要。这要求各成员企业之间的信息交流要频繁且透明，同时业务流程需要高度协调。具体来说，关键业务流程如采购、制造、营销和物流等，应通过跨企业的协同管理来优化。这包括标准化流程操作，减少不必要的手续和中间环节，确保从原料采购到成品销售的每一个步骤都能高效运作。例如，在采购环节，可以通过集中采购和合约管理来降低成本和提高采购效率；在制造环节，通过采用精益生产技术和自动化设备来优化生产过程，减少生产时间和成本；在营销和物流环节，通过采用先进的供应链管理软件来实时追踪产品流向和库存状态，从而实现快速响应市场变化和需求波动。通过这种跨企业的协同操作，可以显著提高供应链的整体运作效率，减少资源浪费，同时增强供应链对市场和环境变化的适应能力。

（四）保持供应链弹性

采用准时制（JIT）策略虽有助于降低库存成本和提高运营效率，但在面对供应中断或市场波动等突发事件时，此策略往往表现出缺乏必要的弹性。为了克服这一缺陷，供应链的设计必须在追求高效率的同时，增强应对外部不确定性的能力。

为此，企业可以在供应合同中加入柔性条款，例如调整供应量的选项、延长交货时间的协议，或在特定情况下允许变更订单细节等。这些条款可以为双方提供必要的操作空间，以应对外部环境的变化。

此外，保证信息的有效流通也是增强供应链弹性的关键。这包括建立健全的信息共享系统和通信协议，确保所有参与方（从原材料供应商到终端客户）之间的数据和信息可以实时、透明地共享。通过高效的信息系统，公司能够迅速获得供应链各环节的状态更新，从而作出快速反应，调整策略以适应新的市场条件。

进一步地，供应链的弹性还可以通过多样化供应来源来加强。依赖单一供应商或单一生产地区增加了风险，多元化的供应策略可以分散这些风险，提高供应链的整体稳定性。例如，公司可以考虑建立地理位置分散的供应基地，或与多家供应商建立合作关系，以保障在某一个供应点发生问题时，其他来源能够补充，确保供应链的连续性。

综上所述，通过在合同中引入灵活性条款、确保信息流通的高效和策略性地多元化供应来源，企业可以有效地增强其供应链的弹性，以应对各种外部挑战和不确定性。这样的供应链不仅能够在常态下运行效率高，也能在危急时刻展现出应有的适应能力和韧性。

（五）改善供应链结构

在设计供应链时，采用可靠性工程的原则至关重要，尤其是尽量减少供应链中的串联结构。这意味着应为关键产品和原材料配置多个供应商，以减少对任何单一供应源的依赖。在供应链的关键节点采用并联配置，这样即使一个供应点发生故障也不会影响整个供应链的运作。这种结构不仅提高了系统的整体稳定性和可靠性，而且在面临供应中断的情况下能够确保供应链的连续运作。此外，建议进行定期的供应链评估，识别并增强那些因单一供应源而具有高风险的环节。对于每个关键产品或服务，最好有至少两个或更多的备选供应商，以形成一个强大的供应网络，确保在任何供应商出现问题时，其他供应商可以无缝衔接，从而确保生产和供应不会受到影响。这种多供应商策略不仅提高了供应链的抗风险能力，还增强了市场竞争力，使企业能够在供应成本和供应质量之间找到最佳平衡。

二、应急供应链基本模型

应急供应链的基本模型突出了应急物资保障的流程及其关键参与者（见图7-1）。这种供应链与常规商业供应链存在明显的区别。一方面，应急供应链的上游不仅涉及传统的原材料供应商，还包括为救援工作捐赠物资的企业和个人。另一方面，不同于常规供应链以单个企业为核心运作的模式，应急供应链的核心是政府，这意味着整个供应链的运作都是在政府的直接指导和协调之下进行的，确保了在突发事件中的高效和有序。

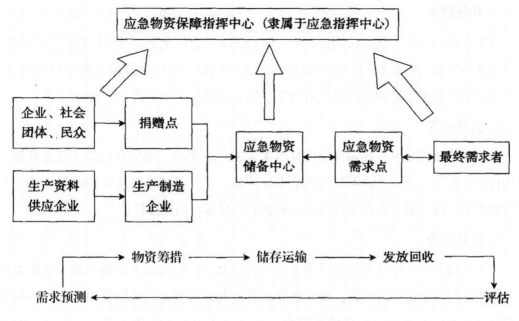

图 7-1 应急供应链的基本模型

应急供应链的基本操作步骤包括以下 5 个。

(一) 应急物资需求预测

在大规模突发事件发生时，负责应急物资保障的指挥中心将根据事件的性质、严重程度和受影响的区域，利用已有的应急预案，进行初步的物资需求分析和数量预估。随着事件的进展，指挥中心会综合应急需求地点、物资供应情况以及仓储反馈的实时信息更新需求预测。这一过程中，指挥中心不断地调整决策，以确保应急物资能够高效配送和及时到达，满足不断变化的紧急需求。

(二) 应急物资的筹措

在应急物资保障的过程中，指挥中心会基于对物资需求的预测，利用专门的应急物资信息系统检索现有的物资储备状态、分布地点、品种及规格等信息。根据这些数据，决定采取适当的物资筹措方式、确定需要的物资数量和种类，并规划应急供应点的布局、供应量和物资类型。在应急物资的筹措中，动用储备、直接征用、市场采购、社会捐助和组织生产是五种主要的方法，每种方法针对不同的情况和需求，确保应急响应的高效性和及时性。

1. 动用储备

这是首选的筹集方法，特别是在对时间敏感的应急情况下。动用战略性物资储备，包括已有的实物储备和预先与供应商签订的合同储备，可以迅速满足初始应急需求。这种方法的优势在于能即刻提供所需物资，极大地减少了从采购到分发的时间。

2. 直接征用

在极端紧急情况下，例如大规模自然灾害或严重事故，政府有权依法直接征用关键物资和设施。这种方法能够快速调配本地资源，尤其是当市场无法即时提供所需数量的物资时。政府通常会在事后对受影响企业进行适当的经济补偿。

3. 市场采购

当现有储备和征用资源不足以覆盖所有需求时，政府将转向市场采购。这需要政府部门快速与多个供应商协调，确保物资的质量和成本效益。采购策略应优先选择那些能够迅速提供大量所需物资的供应商，并且应考虑引入竞争机制来保证价格的公正性。

4. 社会捐助

在许多灾害响应中，公众和私营部门的捐赠都是重要的补充。政府应设立一个透明、高效的机制来管理和分配捐赠物资。灾害初期，捐赠的重点应放在最为紧急和必需的物资上；随着救援行动的推进，捐赠可以扩展到其他非紧急但对灾后恢复有帮助的物资。

5. 组织生产

对于规模巨大的灾害，常规的物资筹措方法可能无法完全满足急迫的需求。在这种情况下，除了寻求国际援助外，还必须动员国内企业调整或增加生产线，特别是对于救灾帐篷、医疗设备等关键物资。这可能涉及临时改变或扩大某些制造企业的生产能力，确保可以快速填补缺口。

（三）储存和运输

在应急供应链的基本结构中，应急物资储备中心包括国家在重灾区设立的中央储备库，以及地方上的非政府组织和公众捐赠物资收集中心、救灾物资储备中心和应急物资配送中心等。这些设施的建立旨在优化物资的存储和分发过程。

中央储备库主要负责储存关键的救灾物资，作为国家应对大规模灾害的物资保障基地；而捐赠物资收集中心则处理从社会各界收集到的捐赠物资，包括物资的分拣、整理、包装、储存和配送工作。这些中心通过专车或专列进行物资运输，提高了救灾物资运输的效率和成本控制力。通过这种方式，不仅提高了救灾物资的收集效率，还防止了因季节变化而导致的物资重复或浪费。

此外，应急物资配送中心通常设在灾区附近或物资捐赠的集中地，以便于快速响应。这些中心负责物资的临时存储、理货（如药品与食品的组合搭配）以及再包装（如加贴救援地点编号）。配送中心的位置应选择在交通便利、空间可扩展的区域，并根据灾区的规模确定其数量。这些中心通过高效的运输网络相互协作，确保在需要时可以快速相互支持。

在应急物资的调度和运输方面，应积极整合社会资源，与信誉良好且价格合理的物流企业合作，实现协同配送。大型物流企业的现有供应链和连锁网络可以被用来加快应急物资的市场投放。在极端紧急的情况下，还可以与军方协调，使用军用运输装备和专用设施，确保应急物资能够快速到达需要地区。

（四）物资发放、回收

物资需求点在救灾行动中扮演着核心角色，其主要任务是确保接收到的救援物资按照既定的分配标准，快速且准确地分发给受灾群众。这些需求点不仅作为救灾物资的最终发放站，还是收集和传递救灾需求信息的重要枢纽。它们负责实时收集灾区人民对食品、医疗用品、衣物等救援物资的需求信息，主要包括物资的种类、数量及紧急程度。然后，这些需求点将信息迅速反馈给救灾指挥中心和地方政府相关部门，确保救援物资的有效分配和调度，优化资源的使用，避免资源浪费。

此外，物资需求点还处理救灾物资的后期管理，尤其是那些可回收和再利用的物资，如帐篷和部分医疗设备。需求点负责这些物资的回收、清洁、分类和包装工作，确保这些物资在满足当前需求后，能够被有效地储存并准备供未来可能的救灾使用。这一流程不仅减少了资源消耗，也增强了救灾物资管理的可持续性。

需求点的有效运作对于提高救灾物资分发的效率和公平性至关重要。通过优化这些流程，可以确保救援物资及时到达最需要的地方，同时强化灾区对未来灾害响应的准备。在整个救灾物资供应链中，物资需求点的功能和责任强调了其在保障救灾物资透明、公正分配中的关键作用。

（五）评估

在应急救援活动结束后，政府相关部门将对整个事件的处理过程进行综合评估，并向上级部门提交评估报告。这一评估特别关注物资供应各阶段的指挥决策效率和整体应急供应链的运作效能。为了全面评估应急供应链的管理效果，将建立一套完整的绩效评估指标体系，并采用适当的评估方法来衡量应急供应链的整体性能、运营流程以及各参与成员的贡献。通过这样的评估体系，决策者能够有效地掌握应急供应链的运作成效，识别存在的问题，并基于这些发现不断地对应急供应链进行优化和改进。

三、集成应急供应链的设计

（一）集成供应链的定义及特点

集成供应链不仅是供应链管理的先进形态，更是在全球化和技术快速发展的背景下，供应链实践中的革命性进步。这种集成不仅仅局限于物理商品的流动，更关注信息、资金流以及决策过程的无缝整合。通过实时的数据分析和共享，集成供应链能够在全球范围内优化资源配置，实现成本效益的最大化和响应时间的最小化。

在技术驱动下，集成供应链利用先进的信息系统如 ERP（企业资源计划）、CRM（客户关系管理）和 SCM（供应链管理）软件以及物联网（IoT）和人工智能（AI）等技术，强化各企业节点间的信息透明度和协作效率。这种技术整合使得供应链能够实时监控市场变化和消费者行为，从而实现动态调整生产和分销策略，优化库存管理，减少浪费。

集成供应链的另一个关键特点是其跨界性，它打破传统供应链在组织间隔离的局限，通过跨企业、跨行业的协作，形成更为紧密的业务网络。这种跨界合作不仅局限于供应商与制造商之间，还包括终端零售商和服务提供商，共同面对市场需求的变化，增强了整个链条的市场适应性和风险管理能力。

此外，集成供应链还注重环境的可持续性和企业的社会责任，推动供应链各方面采取环保措施，实现绿色供应链管理。通过减少废料、优化运输路线和使用可再生能源等策略，集成供应链不仅提升了经济效益，还贡献了环境保护。

综上所述，集成供应链通过高度的信息整合和技术应用，不仅提高了运作效率和市场响应速度，还促进了企业间的协同合作，加强了全供应链的竞争力，为企业带来了前所未有的战略优势。

（二）基于集成供应链理念的应急物流的定义及特点

应急物流采用基于集成供应链理念的现代管理方式，通过系统集成方法，结合先进的技术和现代管理手段，实现了应急物流的集成化和整体化操作及管理。这种管理模式强调整合性和一致性，其主要特点如下。

1. 一体化协同

在集成供应链的框架下，应急物流能够实现各环节的紧密协作，确保在突发事件发生时，整个系统能够迅速且统一地响应，有效地开展救援行动。

2. 信息共享平台

不同于传统应急物流，基于集成供应链的应急物流更加重视信息的横向和纵向整合，建立一个全方位的信息共享平台，增强应急物流的透明度和提高决策效率。

3. 综合协调管理

应急物流在集成供应链的支持下，可以对物资的采购、储存、运输、分发等各个环节进行全面的规划和协调，保证应急物流活动的顺畅和高效进行。

（三）集成应急供应链的体系

1. 应急物流指挥协调中心

应急物流指挥协调中心是专门为应对重大自然灾害、突发公共卫生事件、公共安全问题及军事冲突等突发事件设立的关键机构。作为应急物流操作的中心枢纽，该中心负责协调关键的救援物资筹集、运输、调度和配送任务。

应急物流的指挥协调工作极大地依赖政府的有效运作。在国务院的统一领导下，应急物流指挥协调中心负责全国范围内的物资应急事件处理的指挥和协调工作，并在需要时建议设立全国性的应急物流指挥中心。地方各级政府则根据具体情况决定是否设立相应的指挥中心。

应急物流指挥协调中心的主要职责包括统筹救援物资的筹集、运输、调度和配送工作。该中心不直接参与物资的采购、储存和运输，而是依据收集到的信息，采用集成供应链的管理理念，指导整个供应链的物资采购、储备、运输和分配，确保应急系统的高效与有序。

该中心的工作团队由专职与兼职人员组成。专职人员如灾害预报预测专家，负责收集、处理和发布灾情信息，提供应急物资和通信技术支持。兼职人员则来自政府相关部门、物流中心和企业，他们负责提供信息支持、协调各部门间的合作，直接或间接地参与指挥应急救援工作。

为了确保应急物流的顺畅、迅速和准确的指挥协调，及时的信息收集与反馈、合理的任务分派显得尤为重要。因此，不断完善应急物流指挥协调系统，提高其信息化水平至关重要。一个理想的信息系统应具备强大的功能、高度的适应性和快速的反应能力，使得应急物流指挥协调中心能够根据灾情迅速建立区域性或全国性的应急物流体系，实施有效的应急响应，确保整个操作系统的有序、高效和精确运行。

2. 物资供应端

应急物资的供应主要通过国家战略储备、政府采购以及社会捐赠等方式进行，其中国家战略储备在初始阶段扮演着至关重要的角色。应急物资区别于常规物资的核心在于其独特性、时间敏感性、不确定性以及经常面临的供应滞后问题。这要求紧急情况下能迅速且有效地获取所需物资，因此必须深入理解这些特性，并对应急物资的需求、供应情况和地理分布有一个全面的掌握。

在整合应急物资的筹集工作时，采用集成供应链管理的理念至关重要。这种方法不仅是物资的集中调配和直接配送，更是一种确保物资按需高效到达的系统策略。通过统一协调供应链的各个环节，根据当前的环境和实际需求调整供应策略，可以大幅提高应急物资供应的效率和秩序。这种动态的供应链管理可以确保在危急时刻对市场需求作出迅速反应，优化资源分配，从而在关键时刻保障供应的连续性和可靠性。

3. 物流集散中心

物流集散中心是区域内外货物交换的关键节点，其作用与区域物流中心相似，关键在于管理和调度区域货物交流。这些中心负责对应急物资进行分类、打包、装卸、存储及运输，并确定所需的应急物资种类，同时与生产商签署生产合同，安排订单和配送计划。物流集散中心不仅确保灾区所需的救援物资充足，也作为社会捐赠和外部物资输送的集中处理点。

在中国，随着区域物流中心和应急物资储备仓库的逐步完善，主要城市和地区均已建立了应对突发事件的物流基础设施。发生突发事件时，应急物流指挥协调中心根据实际需要，可以迅速将部分区域物流中心和仓库转变为物流集散中心。这种灵活的物流转换能力是确保应急响应迅速和有效的关键。

4. 物流配送中心

在紧急情况下，应急物资的物流配送任务非常关键，面临时间压力大、任务重、要求严格和操作难度高等多重挑战。为此，物流配送中心需在接到应急物流指挥中心的调度指令之前，迅速掌握灾区的最新动态，并对储备的物资进行合理规划和调度。同时，物流配送中心需预先制定多个物流配送方案，以确保能够快速、有效地响应各种情况，完成配送任务。

在实际配送过程中，如遇灾情变化或某些关键物资出现短缺，物流配送中心应能够灵活调整策略，优先保障这些紧急需求的物资供应，实现资源的最优分配和使用，确保所有紧急物资能够及时送达并覆盖更广的受灾人群。

通过实施集成供应链管理，物流配送不仅遵循社会联合抗灾的总体策略，还能有效缓解供应压力，提高应急物资的整体供应能力。此外，这种集成的配送方式还可以大幅提高物流服务的整体水平，确保在危急时刻，关键物资能迅速而准确地到达目的地。这种高效的物流操作对于救灾工作的成功至关重要。

5. 物资需求端

在突发事件中，通常由于通信中断、现场混乱以及紧迫的时间压力，应急物流指挥协调中心往往难以及时准确地掌握需求信息，从而影响了物资供应的速度和科学性。为此，有必要在日常对可能出现的重大自然灾害、公共卫生事件、公共安全事件以及军事冲突等进行系统预测，同时分析潜在受灾区的地理特点、人口分布和社会结构，以预判物资需求的规模和类型。

在灾情发生后，首要任务是确定合适的应急物资分发点，确保物资能快速到达具体的受灾区域。同时，物流中心应积极收集来自前线的需求信息并进行实时反馈。随着救援行动的展开，物资的种类、紧迫性和需求量可能会有所变化，因此必须持续更新相关信息，密切监控需求动态，以保证应急物流系统的高效运转和灵活响应。这种动态的需求响应机制是确保应急物流系统能够有效满足不断变化救援需求的关键。

四、应急供应链的风险评价

（一）应急供应链的风险及其特征

应急物流风险是指在特定的成本、时间和技术限制下，应急物流实际操作成果与预期目标之间的偏差。这类风险包括各种可能发生的风险事件及其相互影响，本质上是风险发生的可能性及其潜在后果的综合。

在应急物流领域，风险可分为四类：技术风险、环境风险、管理风险和操作风险。每种风险都具备以下特征。

1. 隐匿性

应急物流的风险往往隐藏在常规操作之下，不易察觉，直到它们突然爆发时才被认识到。这种隐匿性使得风险难以在早期阶段被识别和量化，常常导致应对措施滞后，无法及时采取有效控制。因此，开发高级监测和预警系统对于早期识别和预防这类风险至关重要。

2. 动态性

应急物流风险的动态性意味着它们随环境变化而变化，响应措施和策略也需随之调整。这种不断变化的特性要求管理系统具备高度的灵活性和适应能力，以便实时调整操作策略和资源配置，确保在变化的条件下还能保持高效的风险管理。

3. 时效性

应急物流中的风险需要快速响应，因为延迟处理可能导致问题的急剧恶化。时效性的要求使得风险管理过程必须高度敏捷，从风险识别到评估再到响应，每一步都需要尽可能缩短时间，确保可以及时对抗风险带来的威胁。

4. 关联性

应急物流系统的复杂性使得其风险之间常常存在着错综复杂的关联性。这些风险可能相互作用，一个小的问题能迅速演变成严重的危机。例如，供应中断不仅可能影响生产线的运作，还可能影响整个供应链的效率。因此，建立一个全面的风险评估框架，能够考虑到这些交互作用和连锁反应，对于有效管理应急物流风险至关重要。

通过深入理解这些风险特征，可以更有效地识别和控制应急物流中的潜在风险，确保应急响应的效率和效果。

（二）应急物流的风险分析

风险分析是识别、评估和分类风险的持续循环过程。这一过程的输出通常涵盖风险类型、发生概率及其可能引发的后果。在风险管理中，风险分析通常是最具挑战性且耗时的部分。

1. 应急物流的风险辨识

应急物流运作面临多种风险，这些风险之间的相互作用复杂，其导致的后果的严重性也各不相同。风险辨识是一个关键步骤，涉及对应急物流运作的各个方面及关键技术过程的详细研究，目的是识别和记录所有潜在风险，并对这些风险可能造成的后果进行定性评估。风险辨识是风险分析过程的基础，它帮助我们确定需要关注的风险点及其主要原因和可能的影响。

在风险辨识过程中，应采用系统化方法，将复杂的风险因素拆分为更简单、更容易识别的基本元素。然后，通过分析这些元素之间的相互关系来揭示风险因素的核心联系，并评估它们如何影响应急物流的运作。常用的风险辨识方法包括结构分解法、故障树分析法、头脑风暴法、德尔菲法和情景分析法等。为了提高风险辨识的准确性和全面性，参与风险辨识的团队应包括应急物流管理团队、风险管理专员以及来自不同风险领域的专家。

这里主要从技术、环境、管理和操作四个方面对应急物流运作的风险因素进行辨识，如图 7-2 所示。

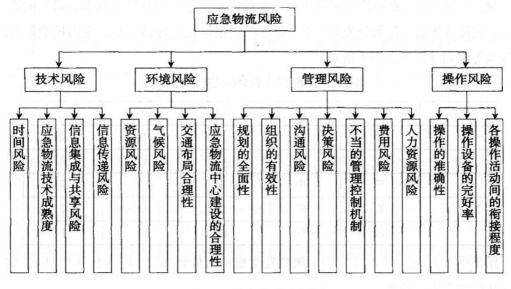

图 7-2　应急物流风险种类

2. 应急物流的风险评估

风险评估是一个系统化的过程，用于深入研究已识别的风险事件，进而细化风险描述并确定这些事件发生的可能性及可能造成的后果。此过程把风险数据转化为决策所需的信息，是风险辨识与风险控制之间的桥梁。在应急物流领域，由于紧急情况下数据难以准确获取，风险评估面临的核心挑战是数据收集，这使得进行定量分析变得更加困难。

通常，在评估风险事件的发生概率时，需要基于历史数据确定风险的概率分布。如果缺乏充分的历史数据，风险管理人员可能需要使用概率分布理论进行估计。在历史数据匮乏的情况下，风险管理人员常常需要依赖自身经验进行主观概率的估计。这通常涉及专家们基于有限的历史数据和个人经验来进行主观判断，以估算风险事件的发生概率。评估步骤包括：（1）对风险事件发生可能性进行等级划分，如设定五个等级（a, b, c, d, e）分别对应不同的概率；（2）组织专家评估这些风险事件的发生概率；（3）综合专家的评估结果作出最终的概率判定。

等级 a：可能性极小；

等级 b：可能性不大；

等级 c：很可能发生；

等级 d：极有可能发生；

等级 e：接近肯定发生。

风险等级表示潜在风险对项目影响程度的大小，是对事件发生概率和后果的综合度量。风险等级通常被划分为高、中、低三级。根据风险评估结果，应用风险矩阵进行风险等级划分，如表 7-1 所示。

表 7-1　应急物资的风险等级及发生概率

概率	V1	V2	V3	V4	V5
e	高	高	高	高	高
d	低	中	中	高	高
c	低	中	中	中	高
b	低	低	低	中	中
a	低	低	低	低	中

结果中（a, b, c, d, e）表示风险发生概率由低到高，（V1, V2, V3, V4, V5）表示风险结果由低到高。

最终，风险等级和防范计划被综合到应急物流风险信息表中，以便对供应链中各种风险的类型、发生概率及其结果进行评估，并制定相应的风险防范策略。这种综合信息表帮助决策者全面了解风险并制定对策，以提高应急物流系统的整体韧性和效率。

五、应急物流供应链的可靠性

（一）应急物流供应链可靠性的概念

可靠性是一个衡量系统无故障运行能力的指标。根据中国国家标准化管理委员会的定义，可靠性是指在规定的时间和条件下产品能够完成既定功能的能力。

应急物流面对的挑战远超常规供应链，由于其目标的独特性和任务的艰巨性，对可靠性的需求也更高。应急物流具有一系列特殊性，包括突发性、事后选择性、基础设施的临时性、流量的不均衡性、信息的不对称性以及经济性的薄弱性，这些都要求其供应链具备更高的可靠性。因此，结合供应链可靠性的普遍定义和应急物流的具体运作目标，应急物流供应链的可靠性可以定义为在应急情况下，确保救援对象或救援实施者能够及时获得满足需求的应急物资的能力。这种定义突出了在关键时刻供应链的响应和执行效率，以保证在紧急情况下的高效运作。

（二）应急物流供应链可靠性的模型及评价指标体系

1. 应急物流供应链的实现流程

应急物流供应链的实现大致分为应急物资的采购、储备和筹措，应急物资的运输和配送；应急物资的分配等流程，如图 7-3 所示。

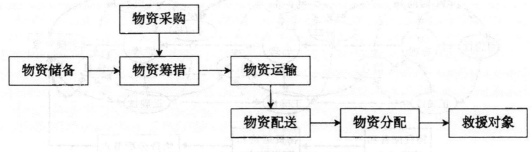

图 7-3 应急物流供应链的实现流程

（1）应急物资的采购、储备和筹措。应急物资的采购、储备和筹措是应急供应链的基础和首要步骤。中国已经建立了数个中央应急救灾物资储备库，然而，现有储备的物资种类和数量仍难以完全满足新形势下的应急救援需求。因此，提高筹措工作的效率和质量是至关重要的，它直接关系到应急供应链可靠性的基础。确保物资的及时获取，满足快速、高性价比、多样化、充足量和高适用性的标准是关键。

（2）应急物资的运输和配送。运输和配送是实现应急物资从存储点到需求点的关键流程，对应急物资供应链的可靠性至关重要。自然灾害发生后，这一过程可能会因道路损坏、基础设施破坏和恶劣天气等因素受到严重影响。因此，优化运输与配送策略、使用灵活的运输手段、确保快速和安全的物流是提高应急响应效率的关键。

（3）应急物资的分配。这是应急供应链中的最后阶段，也是至关重要的环节。该环节的主要目标是为受灾人群提供及时救援或防止灾害进一步扩散，以尽可能减少损失。此阶段通常面临着处理对象的多样性、任务量的庞大和时间的紧迫性等挑战。建立高效的分配机制和管理体系是保证应急物流供应链有效运作的关键，也直接影响到整个链条的可靠性和响应速度。

通过这些环节的紧密协作和优化管理，整个应急物流供应链才能有效地应对各种突发事件，实现快速、准确的物资供应和分配。

2. 应急物流供应链可靠性模型

在应急物流供应链流程中，通过抽象化实体流程，我们可以构建一个包含物资储备和筹措节点（M）、物资运输和配送节点（T）以及物资分配节点（R）的可靠性模型。这一模型揭示了应急物流供应链作为一个复杂的串联动态系统，其中各节点因素相互依赖和相互制约，共同决定了整个供应链的可靠性。应急物流供应链可靠性模型如图 7-4 所示。

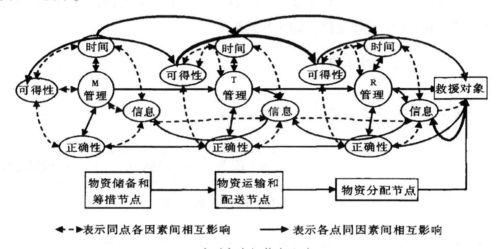

图 7-4　应急物流供应链可靠性模型

应急物流供应链的可靠性主要取决于三个关键因素：救援对象能否及时获得所需物资、物资的到达时间是否满足需求方的紧迫时间要求以及所获得的物资是否符合需求标准。这些因素共同影响着供应链在紧急情况下的表现。

因此，为了全面评估应急物流供应链的可靠性，非常重要的一步是构建一个包含这些节点影响因素的综合评价指标体系。这样的体系能够帮助管理者更深入地理解和优化供应链的每个环节，确保在应对紧急情况时能够高效且有效地进行响应。

3. 应急物流供应链可靠性评价指标体系

对应急物流供应链的物资筹措、运输、配送和分配节点进行分类，得出了不同节点的可靠性评价指标（见表 7-2）。

表7-2　应急物流供应链可靠性评价指标

目标	系统性	指标性
应急物流供应链可靠性指标体系（A）	物资筹措节点（M）	物资可得性因素
		物资正确性因素
		物资到达时间因素
		信息因素
		管理因素
	物资运输和配送节点（T）	物资可得性因素
		物资正确性因素
		物资到达时间因素
		信息因素
		管理因素
	物资分配节点（R）	物资可得性因素
		物资正确性因素
		物资到达时间因素
		信息因素
		管理因素

　　在应急物流供应链中，每个节点的可靠性都受到多种因素的影响，这些因素包括物资的可用性、适用性、到达时间、节点管理和信息流通等。这些因素在节点内部相互作用，共同影响整个供应链的效率和可靠性。为了全面评估应急物流供应链的可靠性，有必要构建一个围绕三个核心评价指标的体系。

　　在评价指标体系中，首先考虑的是物资的可用性，即在收到需求信息后，各节点是否能迅速提供所需物资。接着是物资的适用性，即物资是否符合需求者的具体需求和使用标准。此外，物资到达时间也极其关键，它衡量的是物资是否能在设定的最短时间内送达需求点。

　　节点管理则关注如何通过优化管理策略和流程来支持各节点的运作，良好的节点管理是提升整体供应链可靠性的关键。信息的流通性则评估节点间是否能有效获取和传递关键信息，这在应急情况下尤为重要，因为信息的及时流通是确保响应速度和准确性的基础。

　　通过这一综合评价指标体系，能够对应急物流供应链的整体可靠性进行细致和全面的分析，从而为供应链的持续优化和管理决策提供科学依据（见表7-3）。

表 7-3 应急物流供应链可靠性评价指标发生故障的概率表

目标	系统性	指标发生故障的概率
应急物流供应链可靠性指标体系（A）	物资筹措节点（M）	物资可得性因素发生故障的概率（0.1）
		物资正确性因素发生故障的概率（0.05）
		物资到达时间因素发生故障的概率（0.2）
		信息因素发生故障的概率（0.02）
		管理因素发生故障的概率（0.01）
	物资运输和配送节点（T）	物资可得性因素发生故障的概率（0.05）
		物资正确性因素发生故障的概率（0.01）
		物资到达时间因素发生故障的概率（0.3）
		信息因素发生故障的概率（0.02）
		管理因素发生故障的概率（0.01）
	物资分配节点（R）	物资可得性因素发生故障的概率（0.05）
		物资正确性因素发生故障的概率（0.02）
		物资到达时间因素发生故障的概率（0.1）
		信息因素发生故障的概率（0.02）
		管理因素发生故障的概率（0.01）

4. 应急物流供应链可靠性计算

应急物流供应链的可靠性受多种复杂因素的影响，这些因素导致了供应链各个节点对可靠性影响的模糊性和不确定性。为了对这种多层次、多因素的指标体系进行综合评价，可以采用多种数学方法。在本书中，我们采用了层次分析法来计算应急供应链的可靠性。

（1）根据层次分析法的要求，我们对应急物流供应链的节点进行了层次划分，建立了比较矩阵，并采用了相应的求解方法。通过这些步骤，我们可以确定各节点的可靠度。

应急物流供应链节点 M 的可靠度为：

$$Q_M = \prod_{k=1}^{5} (1 - W_{X_{Mk}})$$

应急物流供应链节点 T 的可靠度为：

$$Q_T = \prod_{k=1}^{5} (1 - W_{X_{Tk}})$$

应急物流供应链节点 R 的可靠度为：

$$Q_R = \prod_{k=1}^{5} (1 - W_{X_{Rk}})$$

其中，取 $W_{X_{Mk}}$ 是指系统层 M 节点的指标层第 k 个指标发生故障的概率（T、R 点类似）。

（2）应急物流供应链的可靠性。由于应急物流供应链是节点串联方式构建起来的，所以系统的可靠度为：

$$A = Q_M \times Q_T \times Q_R = \prod_{k=1}^{5} (1 - W_{X_{Mk}}) \prod_{k=1}^{5} (1 - W_{X_{Tk}}) \prod_{k=1}^{5} (1 - W_{X_{Rk}})$$

5. 提高应急物流供应链可靠性的措施

针对应急物流的特性，提升应急物流供应链的可靠性可以通过以下几个关键措施来实现：

（1）强化应急预案的制订，确保物资通过多种渠道进行有效筹措和充足储备。

（2）建立一个高效的应急供应链协作框架，以增强不同供应链之间的应急响应和合作能力。

（3）发展应急信息系统，提高供应链运作的信息化水平，利用先进的信息技术来增强应急物流供应链的可靠性。

（4）完善管理机构，优化管理流程，制定科学的管理规章，并加强流程的监控和管理。

（5）推广现代物料搬运设备的使用，以及在应急物流中实施物流标准化，以提高操作效率和一致性。

六、应急供应链的快速响应机制

（一）快速响应机制的概念

快速响应（Quick Response，QR）机制是现代制造和零售行业中一个关键的供应链管理策略，旨在通过提高供应链的敏捷性和效率来响应市场需求变化。该概念最早在美国纺织服装行业中得到实施，其核心思想是通过整合制造商、批发商和零售商之间的信息流和物流，以缩短产品的流通时间，同时减少系统中的库存积压，从而实现成本降低和服务水平的提高。

快速响应不仅改变了传统的生产和销售模式，还促使企业更加注重与合作伙伴之间的信息共享和流程协同。在这种模式下，零售商通过销售数据的实时反馈，使制造商能够及时调整生产计划和库存量，从而更精准地满足市场需求。这种策略的成功实施依赖高度的信息透明性和快速的通信技术，确保所有供应链参与者可以快速做出反应。

此外，快速响应还强调了供应链中各参与方的紧密合作，需要建立基于信任和相互依赖的合作关系。通过这样的合作，可以共同对抗市场的不确定性，减少冗余库存，提高产品周转速度，降低运营成本，最终达到提高整个供应链性能的目的。目前，这种模式不仅应用于纺织服装行业，还被广泛应用于其他行业，如电子产品、汽车、食品等多个领域，成为现代供应链管理中的一种重要策略。

（二）快速响应机制具有的特点

快速响应市场需求是应急物流中快速反应能力的关键。通过敏捷的设计、生产和分销流程，迅速地交付客户所需的产品和服务，这不仅是对当前需求的立即响应，还涉及对未来需求的预测和持续监控，确保随时能够快速反应。

信息共享对于提高供应链效率极为关键。整合供应链内部的信息，确保合作伙伴之间关于销售、库存、生产和成本的数据能够自由流通，这可以显著提高供应链的整体反应速度，从而更迅速地满足客户需求。

资源集成是快速响应市场需求的基石，它包括企业及其供应链伙伴的核心竞争优势的整合。这不仅涉及企业内部资源的整合，也包括供应链合作伙伴资源的综合整合。

合作伙伴间的协作对于建立竞争优势非常重要。在当代企业竞争中，竞争不再仅仅是单个企业间的对抗，而是供应链间的较量。通过加强合作伙伴间的协作，可以构建一个响应更快、效率更高的供应链，这是确保整体竞争优势的关键。

互利共赢是供应链运作的基础，合作伙伴间的互惠互利关系对于供应链的稳定运作至关重要。企业追求的不应仅是自身利益的最大化，而应是整个供应链利益的优化，建立共生共荣、利益共享的关系。

过程柔性是满足客户个性化需求的基础。在生产过程中，需要具备高度的灵活性，以便根据客户的小批量、多样化和个性化需求进行快速调整，从而更有效地满足客户需求。

（三）快速响应机制在应急物流中的重要性

应急物流作为处理突发事件的关键支持系统，其显著特点主要包括高度的不可预测性、不确定性及极强的时间敏感性。在面对自然灾害、公共卫生事件或其他紧急情况时，应急物流必须能迅速启动和执行，确保救援物资在最短的时间内被有效分配和使用。

为了应对这些挑战，应急供应链的设计必须优化各环节之间的协同作用。这不仅包括物理物资的流动，也涉及关键信息和必要资金的流转。有效的信息流动是应急物流顺利进行的核心，它可以确保所有参与方（从供应商到救援团队）都能够即时获得准确的需求信息和资源状态更新。同时，资金流的快速转移也是保证物资采购、运输及其他物流活动顺畅进行的基础。

此外，应急供应链中的快速响应机制是确保救援效率的关键。这要求供应链系统能够在接到救援需求的第一时间内，迅速作出反应，调动所需的物资和资源。为了实现这一点，供应链中的各个节点需要建立起强有力的沟通桥梁，实现信息的即时共享和决策的快速制定。这种高效的信息和资源流动性能大大提升救援操作的时效性和准确性，最终实现对受灾地区或紧急情况的有效响应。

第二节　救灾物资配送的背景与预案结构

在自然灾害、公共卫生事件或其他紧急情况中，救灾物资的配送是救援行动的关键环节。它直接影响受灾群体的生存和恢复速度，具有至关重要的意义。及时、有效、有序的物资配送不仅能挽救生命，防止疾病扩散，减少经济损失，还能帮助灾区迅速恢复正常的生活秩序。通过深入了解救灾物资配送的流程和挑战，可以建立一个更科学和系统的配送体系，提升应对紧急事件的效能，确保救灾工作的有效执行。

一、救灾物资配送的背景

（一）历史背景

历史上的重大自然灾害不断提醒我们，高效的救灾物资配送系统是灾害响应中至关重要的一环。例如，2004 年印度洋海啸、2010 年海地地震以及 2012 年"桑迪"飓风等灾难，均展示了在极端条件下进行物资配送的复杂性和挑战性。在这些事件中，配送效率的高低直接决定了救灾行动的成功与否。

从这些灾害中获得的经验教训表明，物资配送的问题多种多样，包括但不限于响应时间的迅速性、配送路线的合理性以及物资分配的公平性等。响应时间的长短直接影响救援效率，快速的响应可以挽救更多人的生命；而配送路线的选择则需要考虑到灾区的地理特性和当前状况，以确保物资能够顺利到达需要它们的地方；物资分配的公平性则关系到每一位灾民的基本生存权利，确保每个人都能得到必要的救助。

因此，从这些历史事件中吸取教训，对未来的灾害应对策略进行持续的改进和优化显得尤为重要。这包括建立更为高效的物资调配机制、优化配送路线和方法以及发展更公平的物资分配系统。通过这些措施，可以提高救灾物资配送的整体效率，从而更有效地应对未来可能发生的灾害事件。

（二）当前挑战

救灾物资配送面临的挑战是多方面的，主要包括以下两方面。

1. 物资储备的难题

确定储备哪些种类的物资、储备多少数量以及如何维持储存条件，是救灾物资管理的关键问题。物资种类需覆盖食品、水、药品、帐篷等基本需求，数量则需基于风险评估和人口统计数据进行预估。

2. 物流配送的复杂性

灾害发生后，物流配送的复杂性急剧增加。配送路线可能因道路损毁而不可行，交通工具的选择受限，配送速度也受到多种因素影响，如天气条件、交通拥堵、安全问题等。

（三）技术与创新

随着科技的进步，现代技术在救灾物资配送中的作用日益凸显，极大地提高了救援效率和准确性。具体技术应用包括以下三点。

1. 地理信息系统技术

地理信息系统（GIS）能提供详尽的受灾区域地图，这对救灾行动至关重要。利用 GIS 技术，救援团队能够规划出最佳的配送路线，并优化资源的分配。例如，GIS 可以帮助识别受灾最严重的区域，以确保重点资源被优先送达。

2. 无人机技术

无人机在救灾中的应用越来越广泛，尤其是在进行空中侦察和快速灾情评估方面显示出独特的优势。无人机不仅能够到达那些受灾后道路中断无法通过的偏远地区，还可以用来空投"生命线"物资如食物、水和医疗用品，对于紧急情况下的快速响应尤为关键。

3. 物联网技术

物联网（IoT）技术通过将传感器和追踪设备安装在物资包装上，实现物资状态的实时监控和全程跟踪。这不仅提高了物资管理的透明度，还确保了物资配送的可追溯性。在救灾物资管理中，能够精确了解每批物资的具体位置和状态，极大地提高了配送的响应速度和效率。

通过集成这些先进技术，救灾物资的配送系统不仅能够更加迅速和准确地响应灾害，还可以在灾后恢复中发挥关键作用，帮助灾区居民更快地恢复正常生活，从而更好地应对灾害带来的挑战。此外，这些技术的应用还减少了人力资源的需求，降低了救援行动的整体风险。

二、预案结构的重要性

应急预案是针对可能发生的紧急情况提前制定的一系列行动计划和程序。在救灾物资管理中，应急预案具有至关重要的作用，它确保灾害发生时能够迅速、有序、有效地进行物资的调配和分发。完善的应急预案通常涵盖风险评估、资源分配、物资储备、运输方案、通信联络以及实施监控等多个关键方面。

预案的重要性在于它能显著提高救灾物资配送的效率。以下是无预案可能带来的后果以及制订预案的优势。

（一）无预案的后果：

①响应迟缓。缺乏预案可能导致在紧急情况发生时反应迟缓，无法及时启动救援行动。

②资源浪费。缺少预先规划可能导致资源分配不合理，造成物资和资金的浪费。

③混乱和延误。没有明确的行动指南和协调机制可能导致救援现场混乱，物资分发延误。

④次优决策。在压力和时间紧迫的情况下，缺乏预案可能导致决策者做出非最优决策。

（二）制订预案的优势：

①快速响应。预案使救援团队能在灾害发生后立即采取行动，显著减少反应时间。

②有序协调。预案提供明确的行动指南和协调机制，确保各方行动有序。

③资源优化。预案能对资源进行合理分配，确保关键物资得到有效利用。

④风险降低。预案有助于识别潜在风险，并提前制定应对措施，降低灾害影响。

⑤公众信任。良好的预案能提高公众对救援机构的信任，增强社会的整体韧性。

总之，应急预案在救灾物资管理中不仅提高救援效率，还能在紧急情况下挽救更多生命，减少灾害的损失。

三、救灾物资配送预案的关键要素

（一）预案准备

在应急预案的准备阶段，首要任务是进行详尽的风险评估，以确定潜在的灾害类型及其可能的影响范围。这一评估不仅帮助揭示哪些地区可能受灾害影响，还能预测灾害可能导致的具体损害程度。紧接着进行需求分析，这一步骤利用风险评估的数据来预测在不同灾害情境下对救灾物资如食物、水、医疗用品及临时住宿设施等的需求量。基于这些分析结果，接下来制订具体的物资采购计划，确保所需救灾物资的质量与数量符合标准。此外，确定物资的储备策略也是关键，这包括选择合适的存储地点、设置适宜的存储条件以及规定物资的轮换周期，确保储备物资能够在需要时发挥最大效用，从而为灾害应对提供坚实的物质基础。这一连串的准备工作是构建有效应急响应能力的基石，旨在最大限度地减少灾害带来的影响，快速恢复受影响地区的正常状态。

（二）实施策略

在应急物流实施策略中，关键步骤包括对救灾物资的详细分类与优先级设定、配送网络的精细设计与实施以及在关键时期对配送计划的动态调整和管理。首先，救灾物资应根据功能，如医疗、生活和救援等进行明确分类，并依据其重要性及紧迫程度设置优先级，确保如医疗物资等关键资源能够被优先处理和快速送达。其次，应设计一套高效的配送网络，包括合理设置物资集散中心、确定最优配送路线及选择合适的运输方式，以保障物资能够在最短时间内安全到达需要地区。最后，在灾害发生后的关键时期，需要根据实时情况和需求变化对原有配送计划进行动态调整，加强对整个配送过程的管理和监控，确保物资配送的连续性、效率和效果，有效支援救灾行动。这种系统性和灵活性的结合是提高救灾效率、减少灾害损失的关键。

（三）合作与协调

通过明确的规划和实施关键策略，救灾物资配送预案可以达到更高的科学性、系统性和有效性，确保在灾害发生时物资能够被迅速、有序地配送，极大地减少灾害的影响。首先，建立政府与私营部门的合作模式至关重要，这不仅可以利用私营部门的资源和专业技能，还可以通过公私合作提高物资采购、储备和配送的效率。其次，需要制定国际援助的接收与分配流程，保证援助资源能够及时、公平地分配至需求最迫切的地区和群体，同时加强与国际组织的沟通和协调，确保国际援助的有效利用。最后，鼓励社区参与和志愿者动员也是提高救灾物资配送效率的关键，通过让社区和志愿者积极参与物资的分发和服务工作，可以提高救援工作的针对性、有效性及覆盖面和响应速度。通过这些综合措施，可以构建一个更加完善和有效的救灾物资配送系统，为灾害应对提供坚实的后盾。

第三节　救灾物资配送的应急预案模型

救灾物资配送在灾害响应和恢复阶段扮演着至关重要的角色。这一环节不仅是保障受灾群众基本生活需求和生命安全的关键，而且对维护灾区的社会秩序和促进经济快速复苏具有直接影响。在灾害发生之后，能否迅速、有效且有序地分配救灾物资至关重要，这直接关系到减轻灾区人民的紧迫困难、防止次生灾害的扩散以及加速当地基础设施的重建和社会生活秩序的恢复。

一、应急预案模型概述

应急预案模型是灾害管理中不可或缺的核心部分，提供了一系列标准化和系统化的行动指南，使应急管理人员能够高效协调和执行救灾操作。这个模型通过精心规划救灾物资的采购、储备、配送和分发等关键环节，确保一旦灾害发生，应急响应机制可以立即启动，救援行动有序进行。应急预案模型涵盖了风险评估、资源规划、物流配送、协调机制、通信联络和培训演练等关键因素。例如，风险评估帮助识别和分析潜在灾害的风险及影响，资源规划则侧重于确保救灾物资的充足供应和有效储备。此外，物流配送的策划确保救援物资能快速到达需要的地方，而协调机制和通信联络则保证多方参与者之间的有效合作和信息流通。通过定期的培训和演练，可以显著提高救援人员的处置能力和团队协作效率。整体而言，应急预案模型不仅提高了灾害管理的效率，减轻了灾害造成的损失，还增强了社会对灾害管理的认识，推动了灾害风险管理的常态化和制度化，从而更好地保障了公众的生命财产安全。

二、应急预案的基本框架

应急预案是一系列预先设计的指南和措施，旨在指导组织或社区应对紧急情况或灾害。它的主要目的是使灾害的影响最小化，确保人民的生命和财产安全，提供快速有效的应对措施，并促进灾后的迅速恢复。预案的核心目标涵盖预防和减少灾害的损害、确保能够迅速反应以减轻伤亡、合理调配资源以提高效率以及在各方之间建立协调机制以统一行动。此外，应急预案还要指导灾后的恢复重建工作，支持社会经济的快速复苏。为了达成这些目标，一个全面的应急预案需要包含风险评估、资源管理、通信协调、具体行动方案的制订、相关人员的培训与演练、遵循相关法律法规、后勤保障以及执行后的评估和反馈等关键因素。这样的预案能够确保在灾害发生时，所有响应措施都能够迅速、有序且有效地执行，最大限度地减少灾难带来的影响。

三、应急预案的构建步骤

（一）风险评估

构建应急预案的首要步骤是进行详尽的风险评估，这包括几个关键环节：一是灾害类型分析，这涉及识别可能影响特定区域的自然灾害，如地震、洪水、台风和疫情等。二是影响评估，分析这些灾害可能对人员安全、基础设施完整性、经济运行以及社会秩序带来的具体影响。三是进行概率估计，评估这些灾害发生的可能性及其潜在强度。四是基于以上评估结果，制定有效的风险缓解和应急响应策略，以提高对灾害的整体应对能力。这些步骤共同构成了应急预案的基础，确保在面对灾害时能迅速且有效地采取行动。

（二）需求预测与资源分配

在进行风险评估后，需求预测和资源分配成为关键步骤，以保证应急响应的效率和效果。

1. 历史数据分析

通过分析过去灾害事件的数据以及在这些事件中使用的物资情况，可以帮助预测未来可能出现的需求模式。这种分析提供了对哪些资源在特定类型的灾害中需求增加的洞见。

2. 需求预测

结合风险评估的结果和历史数据分析，预测在各种可能的灾害情境下对不同类型资源的需求。这项预测工作是制订有效应急计划的基础，确保在灾害发生时能迅速部署所需资源。

3. 资源配置

基于预测的需求，进行资源的合理配置和储备，包括物资、人员和设备等关键资源。合理的资源配置策略可以最大限度地提高资源使用效率，减少在实际灾害响应中的时间延误。

4. 优先级排序

在资源配置过程中，需要确定各项资源的分配优先级，确保在灾害响应中最关键和急需的资源能够得到优先满足。通过优先级排序，可以更有效地管理有限的资源，确保关键需求在紧急情况下得到迅速反应。

通过这一系列精心策划的步骤，可以确保在灾害发生时，应急响应系统能够高效、有序地运作，最大限度地减轻灾害带来的影响，并快速恢复正常秩序。

（三）预案制订

预案制订是构建应急预案的核心环节，它确保在紧急情况下可以迅速、有效地响应。这一过程包括几个关键步骤：一是制订详尽的行动方案，这涉及物资的采购、存储、分配和分发的具体流程，并确定在灾害发生后的不同阶段如紧急响应、中期恢复和长期重建期间物资调配的时机。二是确定预案启动的关键决策点和设计触发机制，确保在达到预设条件时，预案能够自动或半自动地启动。三是明确不同部门和组织在应急响应中的角色和责任，建立有效的沟通渠道以确保信息的及时传递和共享。四是制订培训计划和定期组织应急演练，以确保所有涉及人员熟悉预案内容和职责，同时可以检验预案的有效性并提升应急响应能力。五是在预案执行后进行效果评估并收集反馈信息，根据评估结果和新的风险数据定期更新预案内容，确保预案始终保持最新、最有效。六是整合现代技术如 GIS、无人机和物联网等，以增强预案的科学性和实用性。通过这些详细的构建步骤，可以确保应急预案的全面性、实用性和有效性，从而为应对各种紧急情况提供坚实的支持。

四、协调与合作机制

（一）内部协调

内部协调对于确保组织在应急响应中的快速和高效运作至关重要。为实现有效的内部协调，组织需采取以下关键措施：首先，明确指挥链至关重要，它要求建立清晰的指挥和控制结构，确保每个团队成员和个人都明确自己的职责和上下汇报关系，这有助于提升执行力和减少决策混乱。其次，建立一个可靠的信息系统至关重要，它不仅能确保信息的快速流通和共享，还能减少误解和重复工作，从而提高响应效率。此外，任务的高效分配根据预案和实时情况进行，确保关键任务和资源被优先和适当分配。同时，还需要制定具体的沟通协议，包括使用的标准语言、沟通频率和信息格式，这些都是提高沟通效率、确保信息准确传递的关键。最后，简化决策流程也极为重要，它可以确保在紧急情况下能迅速作出关键决策。通过这些综合措施，可以大大增强组织在应急情况下的协调能力和响应速度。

（二）外部合作

建立有效的外部合作是扩展应急响应范围的关键。合作模式包以下六点。

1. 政府机构合作

建立与地方政府及其他相关政府部门的合作关系，共享关键信息和资源。这种合作需要遵循政府的应急指导原则和法律法规，确保响应措施的正当性和效率。

2. 非政府组织合作

与非政府组织（NGO）合作，借助它们在特定救援领域的专业技能和资源。通过协调 NGO 的行动，最大化资源利用，避免重复劳动和资源浪费。

3. 国际机构合作

在需要跨国救援或国际援助的情况下，与国际组织如红十字会、联合国等合作。这些组织的全球网络和资源对提高救援工作的国际协调水平和效率至关重要。

4. 社区和志愿者的参与

鼓励社区成员和志愿者参与应急响应，利用他们对当地环境的深入了解。通过对志愿者的培训，确保他们在救援行动中的有效参与。

5. 公私伙伴关系

与私营部门建立合作关系，利用其资源和技术优势。在物资采购、物流运输等关键领域与私营部门的合作可以极大提高应急响应的速度和质量。

6. 合作协议和备忘录

通过签订合作协议或备忘录来规范与合作伙伴之间的关系，明确权利、责任和合作方法。定期审查和调整这些文件，确保它们适应不断变化的需求和环境。

通过这些内部协调和外部合作策略的实施，可以建立一个坚实的应急响应网络，显著增强灾害管理的整体能力和响应效果。

参考文献

[1] 班亚，于灵，陈志高，等．应急物资调度时变分析理论与方法［M］．武汉：中国地质大学出版社，2022.

[2] 黄莉，王伟，黄健，等．防汛应急物资储备管理关键技术与应用［M］．南京：河海大学出版社，2021.

[3] 张永领．应急物资储备与评估［M］．北京：中国科学技术出版社，2015.

[4] 刘嘉．重大突发事件应急物资的准备与调度体系［M］．武汉：武汉大学出版社，2017.

[5] 陈达强．基于应急系统特性分析的应急物资分配优化决策模型研究［M］．杭州：浙江工商大学出版社，2010.

[6] 王绪浦，王永开．"菜篮子"生活物资应急保障实操初探［M］．北京：中国言实出版社，2020.

[7] 朱佳翔．基于应急供应链的救灾物资配送模糊决策研究［M］．北京：中国财富出版社，2017.

[8] 曹琦，李振强，曹阳，等．应急物资保障决策模型与优化研究［M］．北京：电子工业出版社，2024.

[9] 林勇．军队抢险救灾应急物资调运问题研究［M］．北京：中国财富出版社，2019.

[10] 王岩．基于 Multi-Agent 技术的应急物资调度系统研究［M］．长春：吉林大学出版社，2019.

[11] 方文林．应急物资装备与应急人员培训［M］．北京：中国石化出版社，2017.

[12] 陆相林，王智新，马飒．城市应急物资储备库网络优化模型构建与实证研究［M］．北京：人民出版社，2021.

[13] 王海军，王婧，杜丽敬．应急物资筹集与调配［M］．北京：科学出版社，2014.

[14] 韩永飞．非常规突发事件应急物资协议储备研究［M］．北京：经济科学出版社，2018.

[15] 唐伟勤，唐伟敏，张敏．应急物资调度理论与方法［M］．北京：科学出版

社，2012.

[16] 王亮．应急物资系统规划与运作优化模型研究——以应急粮食储备布局及配送为例［M］．北京：经济科学出版社，2018.

[17] 刘剑君，伍瑞昌，汤晓勇，等．突发事件卫生应急培训教材——卫生应急物资保障［M］．北京：人民卫生出版社，2013.

[18] 李紫瑶．应急物资动员系统模型及运行机理研究［M］．北京：经济科学出版社，2015.

[19] 郑州自来水投资控股有限公司．城市供水企业应急物资储备标准2009ZX07419-005［M］．北京：中国建筑工业出版社，2013.

[20] 王晶．基于协调优化与区域划分的应急物资储备问题研究［M］．北京：知识产权出版社，2012.

[21] 庞海云．突发性灾害事件下应急物资分配决策理论与方法［M］．杭州：浙江大学出版社，2015.

[22] 黄星．物流系统特性下震灾应急物资筹集的优化决策方法［M］．北京：经济科学出版社，2015.

[23] 李晓萍，胡青蜜．应急避难场所选址与物资配送网络优化［M］．南京：南京大学出版社，2023.

[24] 叶永，赵林度，庞海云，等．大规模应急医用物资配置策略及其优化研究［M］．北京：中国社会科学出版社，2022.

[25] 杨建亮，侯汉平．属地应急众储物资分配问题研究［M］．北京：经济科学出版社，2019.

[26] 唐林霞．地震灾害应急救援物资配置研究［M］．重庆：重庆出版社，2014.

[27] 杨继君，缪成，许维胜．应急救援物资运输与车辆路径规划［M］．北京：经济管理出版社，2014.

[28] 柴亚光．军队物资应急采购供应商管理研究［M］．北京：国防大学出版社，2016.